编 委 会

U0712426

广东省教育科研"十三五"规划2020年度教育科研重点项目"基于文化认同的珠澳姊妹园同构二十四节气课程的研究"课题成果（项目编号：2020ZQJK017）

时节有趣

幼儿园二十四节气活动设计与实践

汤 芬 / 主编

中国出版集团　现代出版社

图书在版编目(CIP)数据

时节有趣：幼儿园二十四节气活动设计与实践 / 汤芬主编. — 北京：现代出版社，2021.10

ISBN 978-7-5143-9616-4

Ⅰ.①时… Ⅱ.①汤… Ⅲ.①二十四节气—学前教育—教学参考资料 Ⅳ.①G613.3

中国版本图书馆CIP数据核字（2021）第213845号

时节有趣：幼儿园二十四节气活动设计与实践

作　　者	汤　芬
责任编辑	张桂玲
出版发行	现代出版社
地　　址	北京市安定门外安华里504号
邮政编码	100011
电　　话	010-64267325　64245264
网　　址	www.1980xd.com
电子邮箱	xiandai@cnpitc.com.cn
印　　制	北京政采印刷服务有限公司
开　　本	710mm×1000mm　1/16
印　　张	12.25
字　　数	196千
版　　次	2022年4月第1版　　2022年4月第1次印刷
书　　号	ISBN 978-7-5143-9616-4
定　　价	45.00元

目 录

春季节气

夏 季 节 气

秋 季 节 气

冬 季 节 气

春季节气

一、春季节气活动来源

和煦春风，春之暮野。在春季，有立春、雨水、惊蛰、春分、清明、谷雨六个节气。这是一年春光灿烂之时，植物进入了蓬勃生长阶段，花悄悄地开了，草慢慢地从土里钻了出来，树木慢慢地长出了新芽，有些小动物从长长的冬眠中苏醒过来，人们也脱去厚厚的衣服，一切都在无声无息地变化着……

幼儿通过不同年龄、水平的春季节气的系列活动，如立春节气的迎春活动，雨水节气的收集雨水、踩雨活动，惊蛰节气的观虫活动，春分节气的立蛋活动，清明节气的扫墓活动、放风筝活动，谷雨节气的种瓜点豆等活动来了解春季节气，感受传统节气的文化魅力。

在春季，幼儿还能通过中国传统节日（如元宵节、龙抬头、清明节等）中的各种体验，初步了解我国优秀的历史人文典故。

二、主题目标

（一）小班主题目标

1. 健康

（1）感知春季天气变化，乐于参加户外活动。

（2）感受春天带来的愉悦，并保持情绪愉快。

（3）发展幼儿的平衡能力与手的灵活协调性。

（4）不挑食，不偏食，喜欢吃瓜果蔬菜等新鲜食品。

（5）愿意学习整理自己的物品，能自己穿脱衣服、鞋袜。

2. 语言

（1）对语言活动内容感兴趣，会主动要求成人讲故事，喜欢阅读与表达。

（2）注意倾听他人发言并做出积极回应，能听懂普通话。

（3）说话自然，声音大小适中，并能在成人的提醒下使用简单的礼貌用语。

（4）喜欢跟读韵律感强的儿歌、童谣和古诗。

（5）能用简单的语言描述春天，喜欢用涂涂画画进行表达。

3. 社会

（1）知道和一起生活的家庭成员与自己的关系。

（2）喜欢与同伴参加春天不同的节气活动，对春天节气活动感兴趣。

（3）了解二月二龙抬头的节日习俗，知道二月二是中国民间传统节日。

（4）愿意主动加入同伴的游戏活动。

（5）根据自己的兴趣，自主选择区域游戏活动。

4. 科学

（1）感知春天来临时大自然的变化，并对周围的事物和现象感兴趣。

（2）了解春季节气的主要特点，认识典型春季花卉的名称与外形特征。

（3）了解春季动物的外形特征。

（4）了解种子发芽需要水、空气和适宜的温度三个条件。

5. 艺术

（1）感知自然界中的鸟鸣、风声、雨声等好听的声音。

（2）欣赏春天嫩绿的景象，感受季节变化的美好。

（3）喜欢唱歌，有初步正确的节奏感。

（4）根据歌曲的不同内容，用自己喜欢的方式去模仿创作。

（5）喜欢涂涂画画和自由剪贴，感受创作的乐趣。

（6）运用肢体动作、绘画及手工创作等多种形式表现春天的景象。

（二）中班主题目标

1. 健康

（1）认识春季时令瓜果蔬菜的外形特征，了解其营养价值。

（2）不挑食，不偏食，愿意吃时令瓜果蔬菜等新鲜食品。

（3）愿意与亲近的人分享自己的情绪，尝试恰当表达和调控自己的情绪。

（4）发展钻爬、躲闪跑的能力，能在较窄的低矮物体上平稳地走一段距离。

（5）通过使用剪刀和简单的折纸等练习，发展手部精细动作。

（6）能自主穿脱衣物、整理物品，具有一定的生活自理能力。

（7）在运动时能主动躲避危险，知道简单的求助和自我保护方式。

2. 语言

（1）知道生活中的文字符号、标识表示一定的意义。

（2）初步感受古诗的韵律美。

（3）养成认真倾听的习惯，并能够结合情境感受到不同语气、语调所表达的不同意思。

（4）愿意与他人交谈，能够基本完整地讲述自己的所见所闻。

（5）在与人交谈时能够使用礼貌用语。

（6）喜欢把听过或看过的节气故事讲给别人听。

（7）愿意用图画和符号表达自己的愿望、想法或记录身边感兴趣的事物。

3. 社会

（1）了解春季节气习俗，知道当地有代表性的节气物产或景观。

（2）通过参加逛庙会、鞭春牛、立蛋等民俗活动，感受我国传统民俗文化的魅力。

（3）对大家都喜欢的玩具、材料、图书等能轮流分享。

（4）知道班级规则和基本的社会规则，并能基本遵守。

（5）乐意与同伴一起参与春季不同的节气活动。

（6）能按照自己的想法与同伴开展游戏或其他活动。

（7）会用礼貌的方式表达自己的要求和想法。

4. 科学

（1）认识春季不同昆虫的身体特征及生活习性。

（2）能感知、发现春季不同节气的气候与物候特点及其对动植物和人的影响。

（3）通过实际操作，理解数与数之间的关系。

（4）通过寻找和发现生活中的数字，理解不同的数字代表的意义，对各种数字的含义有探究的兴趣。

（5）能通过询问成人、与成人共同查阅图书资料等方式学习收集简单的信息。

（6）能够在生活中自主发现问题并动手动脑进行操作、探索。

（7）能感知生活中不同物体的形体结构特征，画出或拼搭出物体的造型。

5. 艺术

（1）了解中国传统艺术水墨画的作画工具。

（2）感受欣赏春季万物生长的美与传统手工艺及艺术作品的美。

（3）愿意观看或共同参与传统民间艺术和地方民俗文化活动。

（4）乐意参加各种艺术活动并尝试简单创编。

（5）能够运用绘画、手工制作等方式表现春季的事物。

（6）能用拍手、跺脚等身体动作或使用响板、三角铁等乐器敲打节拍和基本节奏。

（三）大班主题目标

1. 健康

（1）能保持良好的情绪，并且会恰当地表达和控制情绪。

（2）通过传统体育游戏，发展动作的协调性和灵活性。

（3）制作和品尝春季节气的特色食物。

（4）可以熟练地使用筷子、剪刀和简单的劳动工具。

（5）学会按类别整理自己的物品。

（6）在冬春交替的季节，会根据气温变化主动增减衣服。

2. 语言

（1）认识生活中常见的标识、文字符号，知道其具体的意义。

（2）认识正确的握笔姿势和书写姿势，能用图画和符号表达自己的想法。

（3）喜欢古诗的韵律，感受文学语言的美。

（4）仔细观察图画，尝试描述和续编故事。

（5）在与他人交谈时会使用礼貌用语，能根据所处环境调整说话的音量。

（6）能用简单的语言描述春季不同节气的气候变化与自然现象。

（7）能认真倾听他人讲话，不随意打断别人。

3. 社会

（1）理解规则的意义，能遵守基本的行为规则与游戏规则。

（2）积极参加节气与节日活动，体验实践活动的乐趣。

（3）愿意与大家一起分享玩具和令自己高兴的事。

（4）能与同伴友好相处，并且在与同伴发生冲突时会自己协商解决。

（5）主动承担家务劳动与值日生工作，并能坚持下去。

（6）通过角色游戏，懂得珍惜他人的劳动成果。

4. 科学

（1）观察发现蚕和蝌蚪的生长变化，了解它们的生活习性。

（2）在放风筝活动中，感知风向变化与风的大小。

（3）通过观察、种植与饲养活动，感知春季动植物的生长发育过程。

（4）喜欢亲近自然，能利用工具观察蚂蚁、蝌蚪等昆虫。

（5）能用数字、图画、图标或其他符号记录观察结果。

（6）学会使用数学知识来解决生活中的问题。

5. 艺术

（1）发现和欣赏春季自然环境中美的事物。

（2）喜欢参加多种形式的艺术活动。

（3）在艺术活动中，能大胆地用表情、动作、语言表现自己。

（4）能用基本准确的节奏和音调唱歌。

（5）能用不同的工具和材料创作美术作品。

（6）能与他人合作共同完成艺术作品。

（7）能用多种工具与材料制作风筝。

三、活动内容、亲子活动和环境创设

节气	年级	活动内容	亲子活动	环境创设
立春	小班	1.认识立春节气。 2.蝌蚪小娃娃	1.请家长带幼儿到户外寻找艾叶，了解艾叶的功效。 2.亲子饲养蝌蚪，了解蝌蚪的生长过程。 3.亲子古诗诵读《春晓》，培养幼儿的诵读兴趣	1.墙饰：结合春季的特点，让幼儿用各种材料营造春季氛围；春季节气小知识、饮食等内容。 2.节气桌：立春节气牌、春牛图、迎春花、水仙花、桃花、田艾、萝卜、昆虫模型、春饼、春卷、春盘、田艾粄等立春节气有代表性的事物。

续 表

节气	年级	活动内容	亲子活动	环境创设
立春	中班	1. 古诗《咏柳》。 2. 咬春—— 春饼。 3. 鞭春牛	1. 请家长带幼儿户外踏春，感受春天的美。 2. 亲子手工作品：春景。 3. 家长可利用假期时间带幼儿前往中原地区、北方地区，感受不同节气的自然现象及春季景色的南北差异	3. 区域材料： 科学区：小蝌蚪的生长过程图卡配对、雨水形成过程图、蚂蚁实物盒、各种常见牡丹花图片。 美工区：投放吸管、彩色水彩颜料、彩色水笔、半成品画环、彩色橡皮泥、各色卡纸、固体胶等。 生活区：按照当月活动准备当日新鲜的艾叶、艾叶条、油菜花、香椿、碗莲、雪梨银耳汤食谱介绍、制作工具等
	大班	1. 春的足迹。 2. 春天在哪里	1. 请家长带幼儿户外踏青，寻找春天的影子，用相机记录下来。 2. 亲子水培豆芽	
雨水	小班	1. 认识雨水节气。 2. 认识油菜花	1. 利用下雨天带幼儿外出观雨。 2. 带领幼儿到户外郊游，欣赏油菜花	1. 墙饰：草地背景墙（可用于展示幼儿的美术作品和活动剪影）、节气最有代表性的动植物图片、节气的介绍。 2. 节气桌：雨水节气牌、杏花、柳枝、蓑衣、斗笠、油纸伞、油菜花、蚂蚁、蜗牛等雨水节气有代表性的事物。 3. 区域材料： 科学区：投放小蝌蚪变青蛙的生长过程图、豆角生长过程图，自制彩虹工具（三棱镜、手电筒等）。认识春季动植物的小书
	中班	1. 雨中乐。 2. 种植马铃薯	1. 请家长和幼儿通过查阅资料一起了解雨水的形成过程。 2. 请家长利用周末时间带幼儿去观看油菜花田	
	大班	1. 天气记录。 2. 探索雨的奥秘。 3. 大雨、小雨	1. 下雨天去户外感受春雨。 2. 亲子自制适合春季节气的食物，如春饼、罐罐肉、松仁玉米、炸香椿鱼等	
惊蛰	小班	1. 认识惊蛰节气。 2. 种植花生	请家长了解节气特征，引导幼儿学习根据气温变化增减衣物	1. 墙饰：结合惊蛰节气特点，可制作不同昆虫的墙饰、惊蛰介绍、雷电装饰。 2. 节气桌：梨、桃花、鼓、昆虫模型、炒豆、桑葚、花生等惊蛰节气有代表性的事物。

节气	年级	活动内容	亲子活动	环境创设
惊蛰	中班	1. 小小春蚕饲养员。 2. 响亮的大鼓	1. 请家长与幼儿一起留意春季天气的变化，如果孩子不害怕，可以跟孩子一起注意观察雷电现象。 2. 亲子养殖小蝌蚪、小蚂蚁等昆虫。 3. 亲子尝试制作昆虫标本	3. 区域材料： 语言区：惊蛰"三候"配对卡、惊蛰拼图。 科学区：不同昆虫的三段卡、不同昆虫的标本、蚕的生长过程小书
	大班	1. 观察蚂蚁。 2. 养春蚕。 3. 泥土里的秘密	1. 亲子阅读——关于蚂蚁或者蚕的绘本故事。 2. 亲子在家继续进行养蚕活动，观察蚕的变化过程，并使用记录表进行记录	
春分	小班	1. 春分。 2. 树上的蔬菜——香椿	1. 亲子认识香椿，并在家和幼儿一起制作香椿鸡蛋饼。 2. 家长与幼儿一起体验传统游戏立蛋，体验民间游戏的乐趣	1. 墙饰：结合春分节气特点，制作春分节气牌，悬挂送春牛图。 2. 节气桌：风筝、编制蛋兜、驴打滚、春菜、鸡蛋、黄沙蚬、韭菜、芥菜、豆芽、春笋、蓝莓等春分节气有代表性的事物。 3. 区域材料： 语言区：春分"三候"配对卡、春分拼图。 美工区：利用多种材料装饰蛋
	中班	1. 春分。 2. 立蛋大作战。 3. 粘雀子嘴	1. 请家长与幼儿一起到菜市场购买香椿，并制作香椿鸡蛋饼。 2. 请家长与幼儿在家绘蛋	
	大班	1. 春分——采春茶。 2. 不倒翁——立蛋	1. 亲子共同自制不同样式的风筝。 2. 亲子比赛立蛋	
清明	小班	1. 清明节。 2. 美味的艾糍	亲子分享清明节习俗	1. 墙饰：结合清明节气特点，制作清明节气牌，悬挂风筝、柳条；幼儿绘制清明踏青图。

续 表

节气	年级	活动内容	亲子活动	环境创设
清明	中班	1. 清明。 2. 种植豆角。 3. 风筝	1. 请家长与幼儿一起到户外放风筝。 2. 亲子在家制作、品尝青团。 3. 请家长与幼儿到户外折柳、插柳	2. 节气桌：风筝、艾草、艾饼、清明螺、豆角、白桐花、柳枝、蹴鞠、秋千摆件等清明节气有代表性的事物。 3. 区域材料： 语言区：清明"三候"配对卡、清明拼图、古诗《清明》字卡配对、古诗《清明》、风筝种类三步卡。 美工区：画风筝，利用多种材制作风筝
	大班	1. 古诗《清明》。 2. 放风筝	1. 请家长带幼儿在户外进行放风筝的活动，以文字、图片的形式记录精彩时刻。 2. 家庭种植豆子。 3. 周末亲子放风筝	
谷雨	小班	1. 谷雨。 2. 谷子雨的传说	1. 如条件允许，请家长在假期带幼儿到洛阳欣赏牡丹。 2. 结合班级开展的活动，请家长带幼儿认识各种昆虫，发展幼儿的探索欲望	1. 墙饰：结合谷雨节气特点，制作谷雨节气牌，悬挂小麦、稻谷，谷雨贴图。 2. 节气桌：浮萍、桑葚、牡丹、谷雨茶、薏米、春笋、乌米饭、蹴鞠、秋千摆件等谷雨节气有代表性的事物。 3. 区域材料： 语言区：谷雨"三候"配对卡、谷雨拼图、故事《祭仓颉》小书、制茶步骤卡、风筝种类三步卡。 美工区：画牡丹，牡丹拓印，用各种材料制作布谷鸟
	中班	1. 谷雨。 2. 悠悠茶香沁谷雨。 3. 雨打芭蕉	1. 请家长与幼儿利用假期时间前往茶园，体验采摘茶叶，品尝谷雨茶。 2. 请家长带幼儿去观看粤剧。 3. 亲子赏牡丹	
	大班	1. 谷雨捉虫。 2. 枸杞红枣茶	1. 亲子制作、品尝枸杞红枣茶。 2. 请家长与幼儿一起到公园去寻找谷雨时节的虫子，并进行观察记录	

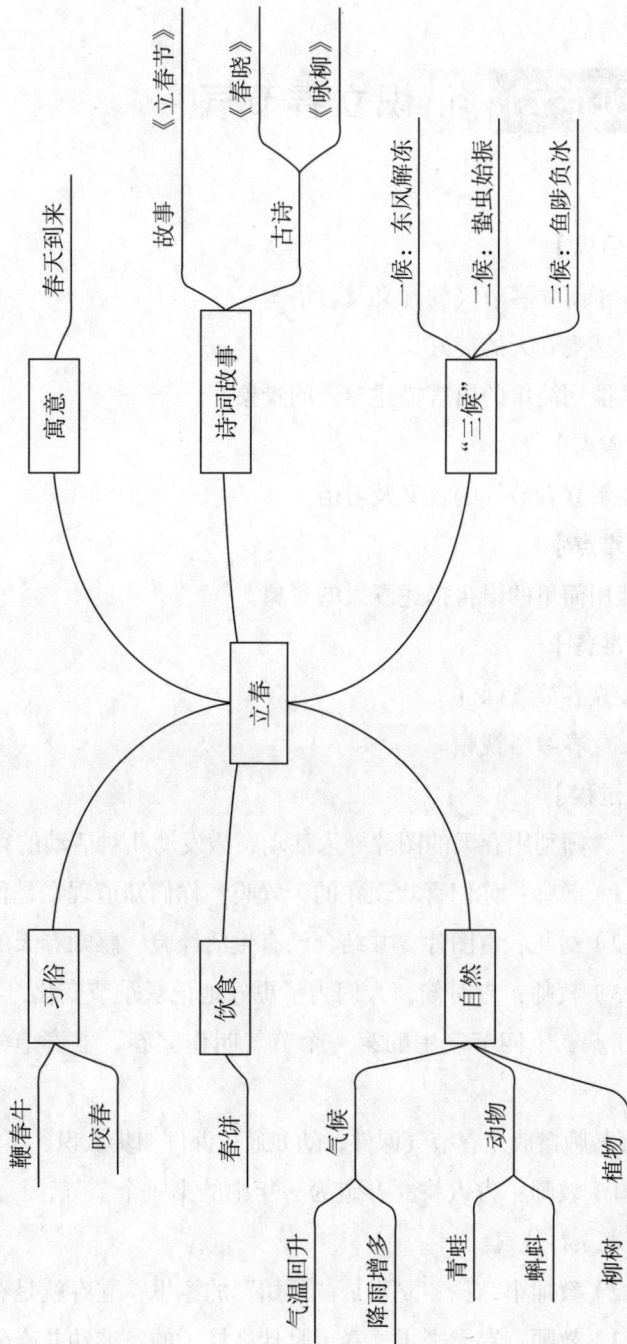

立春

寓意 —— 春天到来

诗词故事
- 故事 ——《立春节》
- 古诗 ——《春晓》《咏柳》

"三候"
- 一候：东风解冻
- 二候：蛰虫始振
- 三候：鱼陟负冰

习俗
- 鞭春牛
- 咬春

饮食
- 春饼

自然
- 气候
  - 气温回升
  - 降雨增多
- 动物
  - 青蛙
  - 蝌蚪
- 植物
  - 柳树

小班活动 　认识立春节气

【目标】

1. 了解立春节气的含义及习俗。

2. 感受春天的美好。

3. 能用简单的语言描述春天的景象。

【重点】

了解立春节气的含义及习俗。

【难点】

能用简单的语言描述春天的景象。

【准备】

1. 立春节气课件。

2. 立春习俗视频。

【过程】

1. 教师利用春天的图片导入活动，激发幼儿对活动的兴趣。

（1）教师：你们喜欢现在的天气吗？你们知道现在是什么季节吗？

（2）幼儿欣赏图片，并结合已有生活经验，感知春天的季节特征。

（3）教师：古时候，人们为了更好地记录季节变化，将一年分成了二十四个节气。二十四节气中的第一个节气叫作立春，立春节气到了，就代表春天来了。

2. 教师播放立春节气课件，幼儿通过课件初步认识、了解立春节气的含义。

（1）教师：古人将立春定为一年中的第一个节气，一般在每年的2月3日至5日进入立春节气。

（2）教师小结："立"是"开始"的意思，立春就是春天的开始。

（3）教师：春天来了，春天是什么样子的？请幼儿充分表达自己的想法。

师幼共同小结：春天天气变暖，草木萌芽，许多花朵开放。

3.幼儿观看立春节气课件，初步了解立春"三候"的意思。

（1）一候：东风解冻。二候：蛰虫始振。三候：鱼陟负冰。

（2）教师小结：一候东风解冻，意思是东风送来温暖，大地从冬天的寒冷中开始回暖。二候蛰虫始振，意思是藏起来的昆虫开始慢慢苏醒，扭动身体。这时候，小昆虫只是扭动身体，还没有从洞穴里面钻出来。三候鱼陟负冰，意思是河水里的冰都融化了，小鱼儿欢快地向河面上游，好像背着冰块在游动。

4.幼儿观看立春习俗视频，了解立春节气的习俗。

师幼共同小结：立春的传统习俗有迎春、打春牛、吃春饼、炸春卷、咬萝卜、喝春酒、贴春字等。

5.幼儿观看立春节气课件，了解立春节气的保健知识，结束活动。

教师：小朋友们，立春节气到了，我们应该怎样做让自己保持健康呢？

师幼共同小结：立春过后，天气逐渐变好，但是也有一些病菌容易在春天繁殖，需注意家里和幼儿园都要经常开窗通风，还要加强锻炼。

【区域活动】

1.在美工区投放迎春花图片、迎春花操作单，供幼儿涂色。

2.在语言区投放立春习俗图片，供幼儿看图说话。

【延伸活动】

1.请幼儿和家人一起做春卷或春饼。

2.幼儿与家长外出踏青，感受春天的美好景象，增进亲子感情。

3.一年之计在于春，请家长与幼儿各自分享自己的新春愿望。

4.学习古诗《春晓》。

附：古诗

春晓

唐·孟浩然

春眠不觉晓，处处闻啼鸟。

夜来风雨声，花落知多少。

中班活动 古诗《咏柳》

【目标】

1. 知道雨水节气柳树发芽。

2. 感受古诗中的韵律美。

3. 能有感情地朗读古诗，初步理解古诗的含义。

【重点】

知道雨水节气柳树发芽。

【难点】

能有感情地朗读古诗，初步理解古诗的含义。

【准备】

1. 柳条、丝绦、剪刀、碧玉的实物及图片，表情图片。

2. 歌曲《柳树姑娘》。

3. 水袖若干条。

【过程】

1. 师幼谈话导入，激发幼儿探索春天事物的兴趣。

教师：小朋友们，春天来了，我们身边的景物都发生了哪些变化？

2. 教师出示柳树的图片，引导幼儿认识柳树、柳条、柳叶。

（1）教师提问，幼儿观察回答，教师小结。

教师：这是什么树？柳树和其他树不一样的地方在哪里？

教师：又细又长的柳条是从柳树上垂下来的，你觉得又细又长的柳条像什么？它的叶子又像什么呢？

（2）教师介绍古诗《咏柳》。

教师：雨水时节，池塘边的柳树在雨中发芽了，在阳光的照耀下，在春雨的滋润下，柳树慢慢地长大变绿。老师想到了一首关于柳树的古诗，它的名字叫作《咏柳》。你们知道"咏柳"是什么意思吗？

教师："咏"是歌颂、赞美的意思。"咏柳"是赞美柳树，这首古诗是我国唐朝伟大诗人贺知章写的。我们一起来听一听。

3. 教师播放《咏柳》视频请幼儿欣赏，通过图文讲解帮助幼儿初步理解古诗的含义。

（1）教师播放配有图文的《咏柳》视频，请幼儿观看欣赏。

教师：你们最喜欢这首古诗中的哪一句？教师根据幼儿的回答贴出相应的图和文，请幼儿跟读。

（2）教师帮助幼儿初步理解诗句的意思。

教师："碧玉妆成一树高，万条垂下绿丝绦"，诗人想表达什么意思？幼儿讨论回答。

教师小结：诗人从远处看到高高的柳树像是用碧玉装饰成的一样，而下垂的柳枝就如千万条绿色的丝带。

教师：那谁知道"不知细叶谁裁出，二月春风似剪刀"的意思呢？幼儿讨论回答。

教师小结：细细的嫩叶究竟是谁的巧手剪出来的？最后，诗人终于想出了答案，原来是"二月春风"这把"剪刀"剪出来的！

4. 教师鼓励幼儿有感情地朗读古诗。

（1）教师引导幼儿感受作者的心情。

教师：我们看看古诗的前两句，诗人看见这么美丽的景色会是什么样的心情？（幼儿自由回答，引导幼儿贴出高兴的表情图片）细细的嫩叶究竟是谁剪出来的？这一句应该怎么读？（幼儿自由回答，引导幼儿贴疑惑的表情图片）最后诗人终于找到了答案——"二月春风似剪刀"，此刻诗人应该是怎样的心情？（幼儿自由回答，引导幼儿贴恍然大悟的表情图片）

（2）鼓励幼儿根据表情图片，尝试有感情地朗读古诗。

5. 播放《柳树姑娘》的歌曲，引导幼儿用动作表示柳树、柳条、柳叶。

6. 师幼共同小结，活动结束。

【延伸活动】

请家长利用周末时间带领幼儿去户外踏青，寻找柳树，感受大自然的美。

附：古诗

咏柳

唐·贺知章

碧玉妆成一树高，万条垂下绿丝绦。

不知细叶谁裁出，二月春风似剪刀。

大班活动　春的足迹

【目标】

1. 知道春天是万物复苏的季节。

2. 感受春天的美好，激发对春天的喜爱之情。

3. 会用多种形式记录自己所观察到的春天景象，乐于探索、交流与分享春天植物的变化。

【重点】

乐于探索、交流与分享春天植物的变化，激发幼儿对春天的喜爱之情。

【难点】

会用多种形式记录自己所观察到的春天景象。

【准备】

1. 经验准备：有记录的经验。

2. 物质准备：

（1）"春的足迹"记录表、笔。

（2）手机、照相机。

【过程】

1. 教师与幼儿通过谈话导入活动，激发幼儿对春天季节变化的兴趣。

（1）教师提问，引出"春的足迹"记录表。

教师：现在是什么季节？我们身边的景象有什么变化吗？（引导幼儿用完

整的语言回答问题）

教师：小朋友们说了这么多景象，那对不对呢？怎样验证你们说的这些景象是否正确呢？

（2）幼儿观察、完善记录表。

教师：老师这里准备了一份"春的足迹"记录表，请看一看，你们觉得哪些地方需要修改？

（3）师幼共同协商制定完整的"春的足迹"记录表。

2.教师带领幼儿户外探索春天的足迹。

（1）幼儿按照自己意愿进行分组，每组6~8人，观察时间为15分钟。

（2）每两组有一名教师跟随幼儿，幼儿需要帮助时可以寻求教师。

（3）幼儿通过多种形式去记录所发现的春天，比如找老师去拍照片，通过记录表进行记录，画画，拍视频，收集树叶、花等形式。

3.幼儿回到班级按组分享观察结果。

（1）说说自己组在观察中遇到了哪些困难或者感兴趣、新奇的事情。

（2）结合幼儿总结的结果，教师进行小结：春天的变化：花开、草长、树叶变绿，小动物冬眠苏醒、南迁、换毛，天气变暖。

4.活动结束，教师将幼儿的观察记录表粘贴在幼儿作品区。

【区域活动】

1.在语言区投放春天三步卡或者配对材料。

2.在美工区投放制作植物标本。

3.在科学区投放认识植物结构操作卡。

【延伸活动】

请幼儿在回家的路上或者在公园里，观察一下周边的环境，看看能不能找到幼儿园以外的春天景象。

附："春的足迹"记录表

组名	观察地点 （照片、绘画、文字）	观察内容 （照片、绘画、文字）	遇到的困难 （绘画、文字）	解决的办法 （绘画、文字）
第一组				
第二组				
第三组				
第四组				
第五组				

水雨

雨水

寓意 —— 降雨开始、雨量渐增

诗词故事 —— 古诗《春夜喜雨》节选

"三候"
- 一候：獭祭鱼
- 二候：鸿雁来
- 三候：草木萌动

习俗
- 拉保保
- 回娘家

饮食
- 蓝莓山药泥

自然
- 气候
  - 雪渐少、雨渐多
  - 气温回升
- 植物
  - 油菜花
  - 马铃薯
- 动物
  - 蜗牛

小班活动 | 认识雨水节气

【目标】

1. 了解雨水节气的含义和习俗。

2. 对雨水节气活动感兴趣。

3. 能说出雨水节气下雨的特点。

【重点】

体验节气活动的乐趣。

【难点】

知道雨水节气的习俗特点。

【准备】

1. 雨伞谜语。

2. 雨水节气PPT课件、雨水节气习俗视频。

【过程】

1. 教师请幼儿猜谜语导入活动，引起幼儿对活动的兴趣。

（1）教师：今天我请小朋友们来猜一个谜语：一种花儿真奇怪，地上不开手中开。晴天不开下雨开，家家都有不用栽。（谜底：雨伞）

（2）教师：我们什么时候会用到雨伞？

（3）教师：春季有一个节气期间会经常下雨，这个节气叫作雨水。

（4）教师：引出雨水节气，听到雨水这个名称，小朋友们会想到什么？

2. 幼儿通过观看PPT初步认识了解雨水节气。

（1）教师：雨水是二十四节气中的第二个节气。每年的2月18日至20日进入雨水节气。此时，气温回升、冰雪融化、雨水增多，故取名为雨水。

（2）教师：雨水有两层意思，一是天气回暖，降水量逐渐增多了；二是在降水形式上，雪渐渐少了，雨渐渐多了。

（3）教师：雨水节气意味着进入气象意义的春天。雨水节气前后，油菜、冬麦普遍长得很快，对水分的要求较高，需要很多雨水才能长得较好。

（4）教师：我们来学习两句关于雨水节气的谚语：春雨贵如油；雨水不落，下秧无着。

教师小结谚语意思：雨水节气当天，若不能下一场很大的春雨，农田的收成就不会好。

3. 幼儿通过观看PPT了解雨水节气的习俗。

（1）请幼儿观看雨水相关视频，深入了解拉保保和回娘家的意义。

（2）请幼儿根据自己的理解讲述习俗拉保保、回娘家需要准备什么东西。

4. 幼儿通过观看PPT知道雨水节气"三候"，并初步了解"三候"的意思。

（1）一候：獭祭鱼。二候：鸿雁来。三候：草木萌动。

（2）教师小结"三候"的意思：一候獭祭鱼，意思是河水解冻后，小鱼开始浮出水面，水獭能捕到很多鱼了，由于多得吃不完，只好在岸边排列放好，看上去就像某种祭拜仪式。二候鸿雁来，意思是北方的天气慢慢变暖了，秋天成群飞到南方的大雁又开始一路向北飞行。三候草木萌动，意思是花草树木在经过春雨的洗礼后，长出嫩绿的新芽，大地渐渐呈现出一派欣欣向荣的景象。

（3）请幼儿根据"三候"的意思，体验创编小鱼怎么游出水面，大雁如何飞的动作。

5. 了解雨水节气的保健知识，结束活动。

教师：春捂秋冻，春捂防感冒，穿着要上薄下厚，不能一下子把厚衣服换成薄薄的衣服，要预防感冒。

【区域活动】

在语言区投放关于雨水节气的谚语图文卡。谚语：春雨贵如油；雨水不落，下秧无着。

【延伸活动】

1. 班级讨论：燕子在什么季节回到北方，在什么季节飞向南方？为什么？

2. 请家长带幼儿到种植区学习施肥、除草，为春种做准备。

3. 让幼儿回家请爸爸妈妈猜谜语。

附：谜语

一种花儿真奇怪，地上不开手中开。

19

晴天不开下雨开，家家都有不用栽。

（谜底：雨伞）

中班活动 | 雨中乐

【目标】

1. 感知雨水节气的天气状况，知道春天会有雷雨。

2. 体验雨中漫步、嬉戏的乐趣。

3. 能用完整的语言描述雨的形态及雨中玩耍的感受。

【重点】

感知雨水节气的天气状况，知道春天会有雷雨。

【难点】

能用完整的语言描述雨的形态及雨中玩耍的感受。

【准备】

1. 在活动前了解天气预报，选择下雨天开展此项活动。

2. 活动当天请幼儿准备好雨具。

3. 每位幼儿带一个盛雨水的容器。

【过程】

1. 教师引导幼儿谈谈雨天的感受，说出喜欢或不喜欢下雨的理由，引发幼儿对雨的兴趣。

教师：你们喜欢下雨天吗？为什么？

2. 教师请幼儿讨论雨天里能做哪些好玩、有趣的事情，想出既淋不到雨，又能在雨中玩耍的办法。

3. 教师请幼儿自己穿上雨鞋、雨衣，打开雨伞，到雨中自由玩耍。

（1）幼儿在穿雨具的时候，教师给予适当的帮助。

（2）在活动过程中，教师提醒幼儿不要拥挤、奔跑，注意安全。

4. 幼儿在雨中自由玩耍，教师引导幼儿观察雨的形态。

（1）观雨，请幼儿观察雨落下时的形态。

教师：雨点是从哪里落下来的？它落下来的时候是什么样子的？引导幼儿用自己的语言表达自己的感受。

教师：雨点落在地上像什么？地上会有什么？引导幼儿发现雨点落在地上会溅起泡泡样的水花，积水中会有水纹等现象。

教师：请小朋友将雨伞转圈，看看伞面上的雨水会怎么样。

（2）听雨，教师与幼儿一起到园内不同的地方听听雨点掉落在不同地方所发出的声音。

（3）玩雨，幼儿尝试用身体与雨滴玩游戏。

教师：小朋友们，当雨滴落到你手上，你有什么感觉？手有什么变化？用小脚踩地上积的雨水，感受雨点打在雨伞、雨衣上的感觉，等等。

（4）幼儿分享交流在雨中的发现，讲述自己在雨中玩耍的感受。

5. 幼儿收集雨水，了解雨水对植物生长的作用。

（1）教师请幼儿利用自己带来的容器收集雨水。

教师：请小朋友用自己带来的容器收集雨水。

（2）教师介绍春天的雨水对于植物生长的重要作用。

教师：雨水能够帮助播种到泥土里的种子生根发芽，苗壮成长。

6. 师幼收整，结束活动。

（1）幼儿回活动室检查衣物，教师提醒幼儿及时更换淋湿的衣物。

（2）换好衣物后请幼儿喝温开水，预防感冒。

大班活动　天气记录

【目标】

1. 了解雨水节气的气候特征。

2. 感知天气预报与人们日常生活之间的关系。

3.尝试制作"天气现象"记录表。

【重点】

了解雨水节气的气候特征。

【难点】

尝试制作"天气现象"记录表。

【准备】

1.图片（1～4张）、A3白纸若干、笔。

2.中央电视台天气预报视频。

【过程】

1.幼儿观察图片，感知天气与人们日常生活之间的关系。

（1）图一：一位阿姨在凉台晾衣服。

教师：她在做什么事情？需要怎样的天气？

（2）图二：农民伯伯在种地。

教师：他在做什么事情？需要怎样的天气？

（3）图三：开车。

教师：请问这是在做什么事情？需要怎样的天气？

（4）图四：旅游。

教师：我们出去游玩的时候需要怎样的天气？

（5）天气的变化会对我们的生活计划带来影响，那我们可以通过什么方法了解第二天的天气情况呢？

2.幼儿观看视频，感知天气预报给我们生活带来的帮助。

（1）教师播放中央电视台天气预报视频。

（2）教师：天气预报对我们有什么帮助呢？每个城市的天气一样吗？你们知道有哪些不同的天气？

（3）教师：你们知道怎样记录天气吗？

3.幼儿分组讨论记录天气的方法，并进行天气标识设计。

（1）教师：怎样知道今天的天气状况呢？怎样表示各种天气呢？

（2）教师请幼儿以小组为单位进行讨论，用什么样的图标能清晰地表示不同的天气状况（晴天、雨天、阴天）。

（3）引导幼儿分组讨论，并用绘画的形式分工设计，并分别画在纸上。

4.分组记录天气。

（1）请幼儿分组用图表记录今天的天气并相互交流。

（2）教师：小朋友们，想不想把今天的天气记录下来？请小朋友们用自己设计的图标来记录今天的天气吧。

（3）教师：我们已经学会记录天气了，那什么时间做天气记录最合适呢？（教师鼓励幼儿坚持认真做好每天的天气记录）

5.师幼共同小结，活动结束。

【区域活动】

天气与人物图片配对游戏；天气气象三步卡。

【延伸活动】

1.请幼儿每天做天气记录，两个星期做一次各种天气的统计，如晴天有几天、雨天有几天等，使幼儿深刻感知雨水节气的天气变化。

2.幼儿轮流当天气播报员为大家播报当天天气情况。

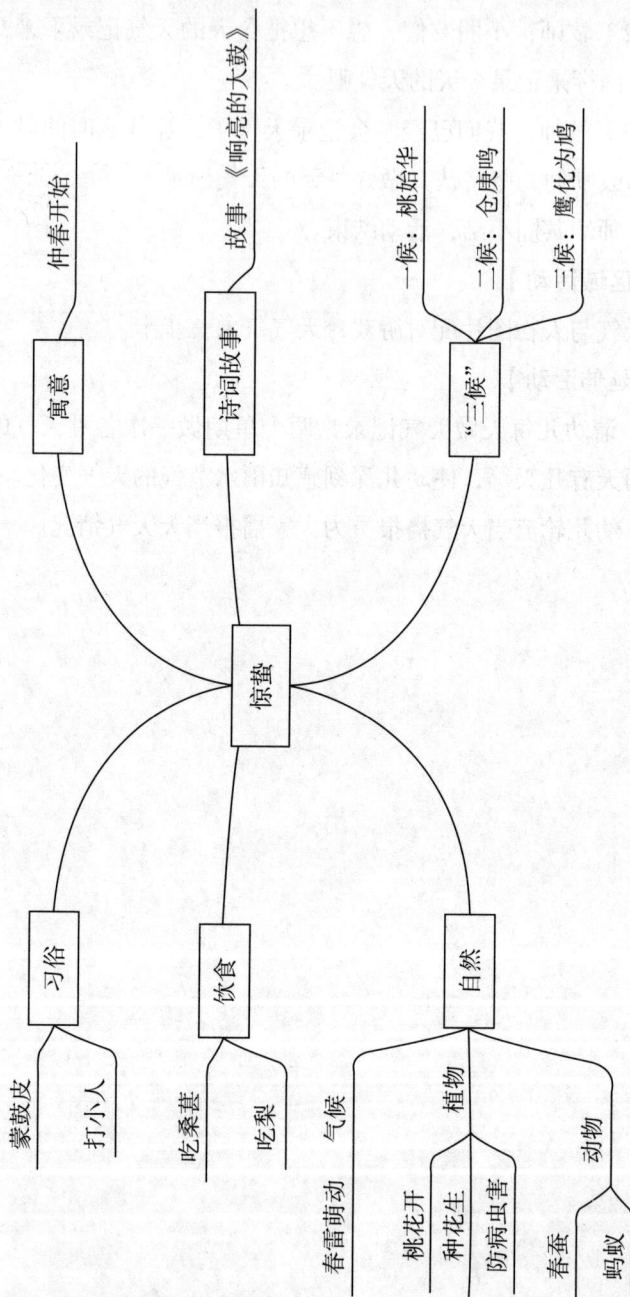

惊蛰

惊蛰

寓意 —— 仲春开始

诗词故事 —— 故事《响亮的大鼓》

"三候"
- 一候：桃始华
- 二候：仓庚鸣
- 三候：鹰化为鸠

习俗
- 蒙鼓皮
- 打小人

饮食
- 吃枣糕
- 吃梨

自然
- 气候 —— 春雷萌动
- 植物 —— 桃花开、种花生、防病虫害
- 动物 —— 春蚕、蚂蚁

小班活动 认识惊蛰节气

【目标】

1. 初步了解惊蛰的气候特点及习俗。

2. 对节气文化感兴趣。

3. 能说出惊蛰节气的习俗。

【重点】

体验节气活动的习俗。

【难点】

知道有关惊蛰节气的诗词谚语。

【准备】

1. 惊蛰节气PPT课件、惊蛰习俗相关视频。

2. 惊蛰习俗相关物品如梨、春耕图、白虎图、驱虫物品、剃头用品等，不是惊蛰习俗物品若干。

【过程】

1. 师幼进行谈话活动，引出惊蛰节气。

教师：惊蛰是二十四节气中的第三个节气，每年的3月5日至7日入节。惊蛰时经常有雷雨，此后气温回升较快，天气变暖，冬眠的动物也在这个时候苏醒过来。

2. 幼儿通过观看PPT课件，了解惊蛰的习俗。

（1）教师：春雷响，万物长，表示人们开始给土地施肥，犁地，准备播种。

（2）教师讲解惊蛰其他习俗：吃梨、驱赶毒虫、祭白虎、忙春耕。

（3）教师告知幼儿在惊蛰前后有一个习俗叫作龙抬头，并对其进行简单讲解。

（4）将惊蛰习俗相关物品呈现，请幼儿根据经验分类，将与惊蛰习俗相关的物品放在一起，不相关的放在一起。

3.幼儿通过观看PPT，知道惊蛰节气"三候"，并初步了解其意思。

（1）一候：桃始华。二候：仓庚鸣。三候：鹰化为鸠（jiū）。

（2）教师小结"三候"的意思：一候桃始华，意思是桃花在这个节气开得特别茂盛，花朵鲜艳。除了桃花，杏花、樱花、蔷薇花也都在这个节气开放。二候仓庚鸣，意思是黄鹂感受到了春天的气息，发出了婉转动听的鸣叫。三候鹰化为鸠，意思是惊蛰节气的时候，鹰开始悄悄地躲起来繁殖后代，原来蛰伏的鸠开始鸣叫求偶，古人没有看到鹰，反而看到很大的鸠，就以为是鹰变成了鸠。

4.幼儿观看PPT，了解惊蛰节气的保健知识。

惊蛰保健建议：早睡早起去春困，晨间散步益处多，适当春捂防感冒。

【区域活动】

在语言区投放惊蛰"三候"配对卡。

【延伸活动】

请幼儿回家与家长查找关于惊蛰节气的谚语，第二天来园与同伴分享交流。

中班活动　小小春蚕饲养员

【目标】

1.了解春蚕的生活习性和生长变化过程。

2.培养幼儿的责任心和任务意识，学会照顾小动物。

3.能按正确的顺序排列蚕的生长过程。

【重点】

了解春蚕的生活习性和生长变化过程。

【难点】

能按正确的顺序排列蚕的生长过程。

【准备】

1.《春蚕》课件。

2. 蚕生长过程的图片。

【过程】

1. 幼儿发现饲养角的春蚕，激发探索春蚕的兴趣。

教师：你们发现饲养角有什么不同了吗？这是什么小动物？

2. 幼儿通过多种方式感知蚕的外形特征，并用语言进行讲述。

教师：请小朋友们看一看，蚕宝宝是什么颜色？什么形状？像什么？请你们轻轻摸一摸，看看是什么感觉？

3. 幼儿观看视频《蚕宝宝的一生》，了解蚕的生长变化过程。

教师：蚕宝宝吃了很多桑叶，一天天地长大，它发生了哪些变化？变成了什么样子？

师幼共同小结：蚕的一生要经过卵、幼虫、蛹和成虫四个阶段。刚孵出来的幼蚕身体为黑色且很小，像蚂蚁，叫作蚁蚕。蚁蚕吃了很多桑叶，慢慢地长大，经过四次蜕皮，身体一次比一次变白、变大。最后，蚕开始吐丝作茧，在茧里，蚕再次蜕皮，变成蛹，由蛹变成蛾，然后咬破茧爬出来，蚕蛾是灰白色的，有翅膀，雌蛾产卵后不久就会死去。

4. 幼儿进行蚕的生长过程图片排序，巩固经验。

教师：请小朋友们按蚕宝宝生长过程的先后顺序，将图片正确排列好。

5. 师幼到户外采摘桑叶喂养蚕，结束活动。

大班活动　观察蚂蚁

【目标】

1. 观察蚂蚁的踪迹，了解蚂蚁的习性特点。

2. 喜欢亲近大自然，对探索活动感兴趣。

3. 用自己的方式简单记录蚂蚁的生活习性。

【重点】

了解蚂蚁的习性特点。

【难点】

用自己的方式简单记录蚂蚁的生活习性。

【准备】

1. 经验准备：对绘本《蚂蚁和西瓜》有阅读经验。

2. 物质准备：

（1）放大镜。

（2）一块水果糖、少量饼干屑。

【过程】

1. 教师回顾绘本《蚂蚁和西瓜》，引发幼儿对蚂蚁的兴趣。

（1）教师：小朋友们，你们还记得《蚂蚁和西瓜》的故事吗？蚂蚁是怎么搬运东西的？

（2）师幼共同小结：蚂蚁个子很小，但非常团结，能够合作搬运比自己身体大许多的食物。

2. 师幼带着问题到户外观察蚂蚁。

（1）教师：惊蛰节气到了，这个时候，小蚂蚁们在干什么呢？等一下我们一起去户外观察蚂蚁，你们需要带什么东西？

（2）教师：蚂蚁喜欢吃什么？蚂蚁住在哪里？蚂蚁是怎样工作的？你还可以发现蚂蚁的哪些秘密？

（3）幼儿带着问题到户外探索蚂蚁。

3. 师幼回到教室，展开讨论。

（1）幼儿分享记录结果，揭秘观察蚂蚁前提出的问题。

（2）教师：蚂蚁为什么这么团结，我们一起来看看图片。（观看PPT）在蚂蚁洞的深处住着蚁后，蚁后负责生卵。工蚁是负责干活的，其中有的工蚁负责照顾蚁后和蚂蚁宝宝，有的负责搬家、清洁，还有的负责外出找食物，而兵蚁则负责保护整个蚂蚁家族。

（3）师幼共同小结：因为蚂蚁分工明确，互相合作，所以才能长久地生存下去。

【区域活动】

在阅读区投放关于蚂蚁的绘本。

【延伸活动】

亲子一起收集更多关于蚂蚁的资料。

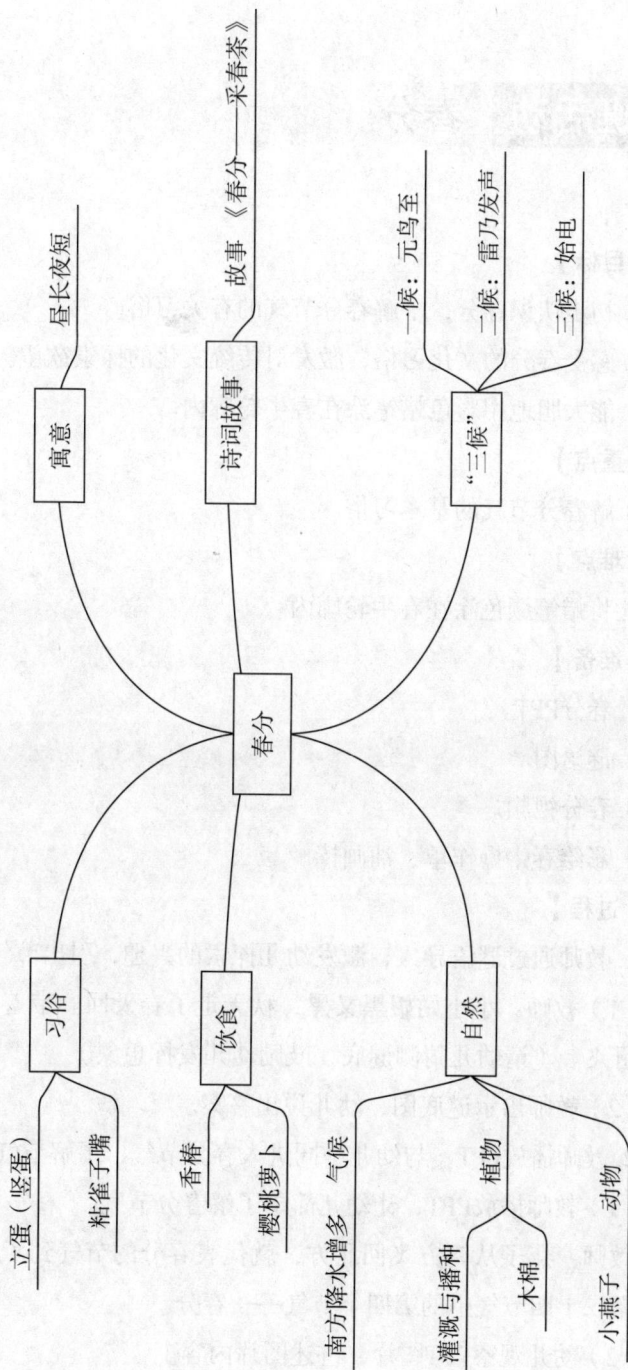

春分

寓意 —— 昼长夜短

诗词故事 —— 故事《春分——采春茶》

"三候"
一候：元鸟至
二候：雷乃发声
三候：始电

习俗
立蛋（竖蛋）
粘雀子嘴

饮食
香椿
樱桃萝卜

自然
气候 —— 南方降水增多
灌溉与播种
植物 —— 木棉
动物 —— 小燕子

小班活动 | 春分

【目标】

1. 初步认识春分，了解春分节气的有关习俗。

2. 感受春分的文化习俗，激发对传统文化的探索欲望。

3. 能大胆地用彩色蜡笔涂在春牛轮廓内。

【重点】

了解春分节气的基本习俗。

【难点】

能将蜡笔颜色涂在春牛轮廓内。

【准备】

1. 春分PPT。

2. 谜语图。

3. 春分视频。

4. 彩绘春牛操作单、油画棒。

【过程】

1. 教师通过谜语导入，激发幼儿探索的兴趣，引出节气主题。

（1）教师：小小姑娘黑又黑，秋天走了春天回。带着一把小剪刀，半天空中飞呀飞。（请幼儿猜测谜底，鼓励幼儿发挥想象）

（2）教师出示谜底图，幼儿说出答案。

2. 教师播放PPT，与幼儿一同进入春分节气，了解节气的基本习俗。

（1）教师播放PPT，让幼儿简单了解春分节气。

教师：燕子从南方飞回北方，就代表春分的节气到了。今天，老师要为大家介绍二十四节气中的第四个节气——春分。

（2）幼儿观察PPT图片，讲述图片内容。

教师按图片出示的顺序小结，为幼儿一一介绍春分习俗：立蛋、送春牛图、吃春菜、粘雀子嘴。

3.幼儿体验节气习俗彩绘春牛。

（1）教师出示春牛轮廓操作单，请幼儿创作。

（2）注意事项：

① 鼓励幼儿使用多种颜色进行绘画。

② 涂色时要注意尽量不要涂出操作单外。

③ 桌面保持整洁。

4.教师与幼儿一起欣赏作品，分享祈愿和祝福。

【区域活动】

在美工区投放彩绘春牛操作单，请幼儿自由操作。作品完成后，鼓励幼儿带回家或送到其他班级并送上祝福。

【延伸活动】

1.请爸爸妈妈带领幼儿体验春分放风筝的习俗，感受在大自然中游戏的乐趣。

2.童谣学习，让幼儿感受春分后自然界的变化。

附：童谣

春风吹

春风吹，春风吹，吹绿了柳树，吹红了桃花，吹来了燕子，吹醒了青蛙。

春风吹，春风吹，春风微微地吹，小雨轻轻地下，大家快快来种花。

中班活动 春分

【目标】

1.知道春分节气的特点和习俗。

2.体验在春分节气中探索自然界的乐趣。

3.能说出与春分节气有关的谚语。

【重点】

知道春分节气的特点和习俗。

【难点】

能说出与春分节气有关的谚语。

【准备】

1. 教学PPT。

2. 与春分有关的谚语。

【过程】

1. 教师出示PPT，介绍春分节气的特点和习俗。

（1）教师与幼儿开展谈话活动。

教师：小朋友们，我们一起来猜个谜语：白衬衣，黑外套，尾巴尖尖像剪刀，从早到晚忙不停，捉来虫子喂宝宝。这是哪种小动物？在寒冷的冬天，小燕子从北方飞来南方过冬。到了春天，过了春分，天气越来越暖和，小燕子就要飞回北方生活了。

（2）师幼观看PPT，介绍春分节气的特点和习俗。

教师：春分是二十四节气中的第四个节气。春分是一年中十分特别的一天，小朋友们猜猜，春分有什么特别的地方？在春分节气，人们会做些什么？

师幼共同小结：到了春分节气，就意味着春天过了一半，而且在这一天，白天和夜晚的时间是一样长的。因为这个节气正好在春天的中间，所以这个节气叫作春分，有平分春季、昼夜的意思。春分节气有"三候"，一候元鸟至，燕子从南方飞回北方。二候雷乃发声。三候始电，指的是这时候下雨，会打雷闪电。到了春分这一天，人们会玩立蛋游戏，还会出去放风筝、粘雀子嘴。在春分节气时，春菜长得鲜嫩多汁，人们会外出采摘春菜回家吃，叫作吃春菜。

2. 教师出示PPT，介绍与春分有关的谚语。

（1）教师通过图片、动作，介绍与春分有关的谚语。

教师：春分是一个特别的节气，有许多有趣的、与春分有关的谚语，我们一起来看一看。谚语"春分到，燕子回，昼夜正平分"说的就是春分节气的特别之处。春分这一天，白天和黑夜的时间一样长。过了春分，小燕子就要飞回北方去了。谚语"春分麦起身，肥水要紧跟"就是提醒人们到了春分，小麦要

苗壮成长了，要做好浇水、施肥的工作。（教师在介绍谚语时多读几遍，可结合肢体动作，帮助幼儿进行理解）

（2）教师出示图片，引导幼儿说出与春分有关的谚语。

教师：看到这些图片，你们会想到哪句与春分有关的谚语？

3. 教师组织幼儿到种植田给植物浇水、施肥，结束活动。

教师："春分麦起身，肥水要紧跟"，我们也去给田里的植物浇浇水、施施肥吧。

【区域活动】

在语言区投放春分习俗介绍图卡，供幼儿配对。

【延伸活动】

1. 教师与幼儿一起欣赏古诗《村居》。

2. 请家长与幼儿一起采春菜、吃春菜。

3. 教师与幼儿一起认识燕子的外形特征和生活习性。

4. 教师与幼儿一起认识蚂蚁的外形特征和生活习性，并到户外寻找、观察蚂蚁。

大班活动　春分——采春茶

【目标】

1. 了解春分节气的农耕文化与民间习俗。

2. 喜欢阅读中国传统文化的绘本。

3. 观察绘本画面，理解并说出绘本画面的主要内容。

【重点】

了解春分节气的农耕文化与民间习俗。

【难点】

理解并说出绘本的主要内容。

【准备】

1. 经验准备：幼儿有饮茶的经验。

2. 物质准备：

（1）《春分——采春茶》绘本PPT。

（2）茶叶。

【过程】

1. 教师出示茶叶给幼儿认识，并冲泡茶水给幼儿品尝，提问引发幼儿的思考。

（1）教师出示茶叶，介绍茶叶名称，冲泡茶水给幼儿尝，幼儿观察茶叶的不同形态。

（2）教师提问：茶叶是怎么来的?

（3）师幼共同小结并引入下一个环节：现在是春分节气，正是采春茶的时候，一起看看贝儿和舅妈是怎样制作茶叶的，故事里还讲了哪些春分节气的习俗。

2. 幼儿观察《春分——采春茶》PPT，尝试描述绘本的主要内容。

（1）幼儿观察1~2页后，教师提问：为什么要送春牛图?

（2）幼儿观察3~5页后，幼儿讨论：立蛋游戏怎么玩?

（3）幼儿观察6~13页后，教师提问：舅妈是怎样制作春茶的?

（4）教师提问：看了故事，说一说春分有哪些习俗。

（5）师幼共同小结：农谚说："二月惊蛰又春分，种树施肥耕地深。"在春分时，农民就开始忙起来了。春分还有送春牛图、立蛋游戏、吃炒春菜、喝春汤、粘雀子嘴、采春分茶的习俗。

3. 教师讲述完整绘本故事。

【区域活动】

1. 在语言区增添《春分——采春茶》绘本。

2. 在茶艺区增添新茶。

【延伸活动】

观看采茶、制茶视频，直观了解制作茶叶的整个过程。

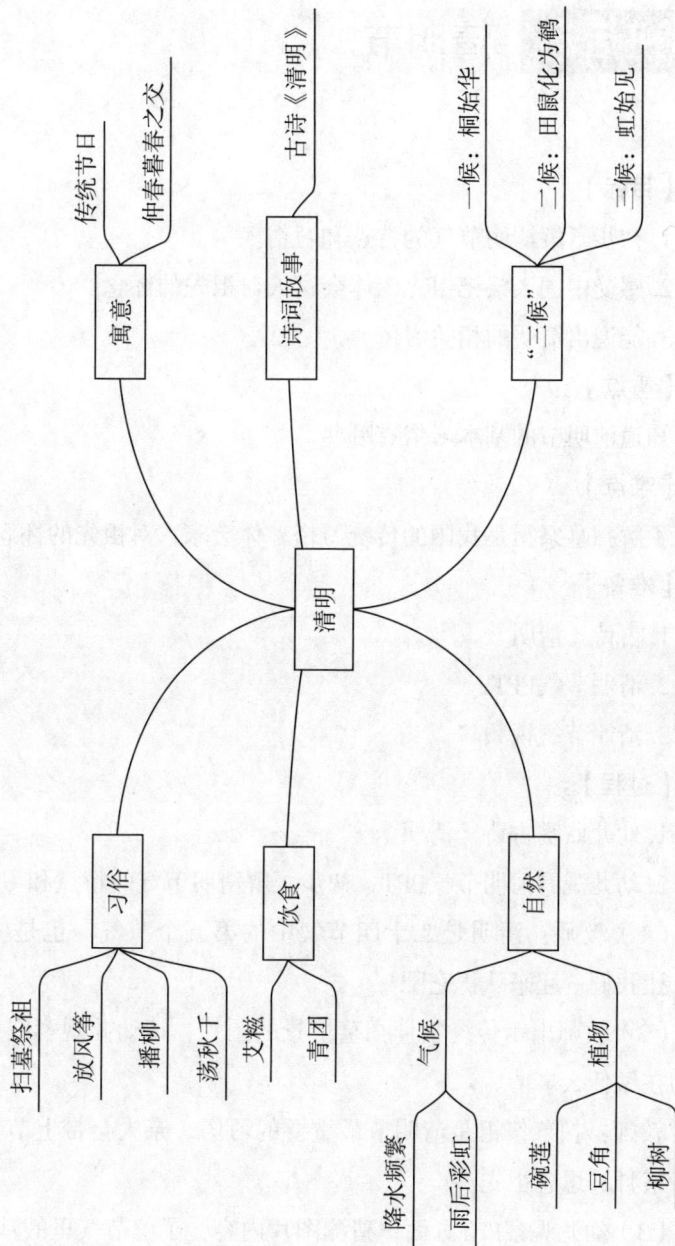

清明

寓意
- 传统节日
- 仲春暮春之交

诗词故事
- 古诗《清明》

"三候"
- 一候：桐始华
- 二候：田鼠化为鹌
- 三候：虹始见

习俗
- 扫墓祭祖
- 放风筝
- 播柳
- 荡秋千

饮食
- 艾糍
- 青团

自然
- 气候
  - 降水颇繁
  - 雨后彩虹
- 植物
  - 碗莲
  - 豆角
  - 柳树

小班活动 清明节

【目标】

1. 初步了解清明节气的特点和习俗。

2. 感受中国人祭祀祖先，体会家人对祖先的怀念。

3. 能说出清明的相关习俗。

【重点】

知道清明节的基本习俗有哪些。

【难点】

了解扫墓祭祖是我国的传统习俗，体会家人对祖先的怀念。

【准备】

1. 古诗《清明》。

2. 清明节气PPT。

3. 清明节气视频。

【过程】

1. 幼儿欣赏古诗《清明》。

2. 幼儿观看清明节气PPT，初步了解清明节气的特点和习俗。

（1）教师：清明是二十四节气中的第五个节气，也是中国的传统节日之一，让我们一起来认识它吧！

（2）教师出示传统祭拜扫墓情景的图片，请幼儿观察图片，尝试猜测图中人物在做什么事情。

教师：扫墓祭祖是清明节最重要的习俗，亲人会带上节气食品到祖先墓前进行祭拜，思念祖先。

（3）幼儿观察PPT画面，猜测图片内容，了解节气里的基本习俗。

祭祀祖先—踏青—插柳—做艾糍—荡秋千。

3. 幼儿观看清明节气的相关视频，进一步了解清明的相关节气习俗。

4. 教师带领幼儿到户外体验节气习俗活动——荡秋千。

【延伸活动】

请家长带领孩子外出郊游亲近大自然，品味春天的好时节。

附：古诗

清明

唐·杜牧

清明时节雨纷纷，路上行人欲断魂。

借问酒家何处有？牧童遥指杏花村。

中班活动 清明

【目标】

1. 知道清明节气的特点和习俗。

2. 体验踏青的乐趣。

3. 能吟唱古诗《清明》。

【重点】

知道清明节气的特点和习俗。

【难点】

能吟唱古诗《清明》。

【准备】

1. 经验准备：幼儿认识古诗《清明》。

2. 物质准备：

（1）教学PPT。

（2）古诗《清明》视频、音频。

【过程】

1.教师出示PPT，通过图片导入古诗《清明》。

（1）教师出示古诗《清明》的图片。

教师：小朋友们，你们在图片上看到了什么？（引导幼儿用完整的语言回答）

（2）教师结合清明节气的相关图片，引导幼儿仔细观察、了解清明节气的特点和习俗。

教师：小朋友们，图片里描绘的是春天里清明节气的场景。之前我们认识了不少节气，在每个节气里，人们会做不同的事情。在清明节气里，人们会做什么？（引导幼儿逐页观察图片并自由回答）

师幼共同小结：清明是二十四节气中的第五个节气。在清明节气里，柳树吐绿，桃花绽放，春意盎然，人们会在这一时节外出踏青、放风筝，还会折柳、戴柳。清明节气有"三候"，一候桐始华，指的是泡桐树开花了。二候田鼠化为鴽，指的是田鼠不喜欢阳光，又躲回阴暗的洞里去，因为此时天空中多了很多小鸟飞翔，所以以前的人就以为田鼠变成了小鸟。三候虹始见，指的是清明时节经常下雨，雨后能看到彩虹。清明除了是一个节气之外，还是我国的传统节日。在清明这一天，人们会扫墓祭祖，吃用艾叶做成的青团。

2.教师播放古诗《清明》音频、视频，引导幼儿吟唱，再次感受古诗的内容。

（1）教师播放音频，让幼儿感受歌曲的内容。

教师：你们听到了什么？

（2）教师再次播放音频，引导幼儿跟随音乐节奏拍手，感知歌曲节奏。

教师：小朋友们，我们跟着音乐拍拍手。

（3）教师播放视频，音画结合，帮助幼儿感知古诗的内容。

教师：你们看到了什么？他们在做什么？

师幼共同小结：清明时节，绵绵春雨飘落，外出的人心情都变得不好了。此时，诗人正好碰到了一个小牧童，于是向小牧童询问哪里有酒家，想休息一下，躲躲雨。小牧童没有回答，而是伸出手指向遥远的杏花村。

（4）教师再次播放视频，帮助幼儿进一步理解古诗的内容。

（5）教师引导幼儿跟随音频学习吟唱古诗《清明》。

教师：我们跟着音乐一起用好听的声音唱一唱。

3. 教师组织幼儿到户外踏青、荡秋千，亲身感受清明节气，结束活动。

【区域活动】

1. 在语言区投放古诗《清明》情景图卡，供幼儿排序、配对。

2. 在语言区投放清明节气习俗图卡，供幼儿配对。

【延伸活动】

请家长带幼儿外出踏青。

大班活动 古诗《清明》

【目标】

1. 知道清明节是中国的传统节日。

2. 感受古诗优美的韵律

3. 能图文配对古诗《清明》。

【重点】

理解古诗大意。

【难点】

能按顺序进行图文配对。

【准备】

1. 经验准备：幼儿有图文配对的经验。

2. 物质准备：

（1）古诗情景图片。

（2）文字条各四张。

【过程】

1. 幼儿观看清明节视频，了解清明祭祖是中国的传统习俗。

（1）教师提问：在清明节时，人们在做什么？发生了什么事情？天气是怎样的？

（2）师幼共同小结：清明节一般会下雨，人们都要祭拜祖先。

2.幼儿观察古诗《清明》的图片，理解其含义并尝试图文配对。

（1）逐一出示四张图，教师提问：你们看到了什么？图片里的人心情怎样？你们是从哪里看出来的？他们可能在说什么？

（2）欣赏配乐古诗，教师根据诗句顺序出示文字条。

教师：中国古诗非常优美，我们一起来欣赏吧。

（3）师幼进行图文配对，发现古诗与画面的匹配关系。

教师：如果给这些字卡找图片朋友，你们找得到吗？一起试一试。

3.幼儿根据图文，完整诵读古诗《清明》。

4.幼儿表演展示古诗《清明》。

教师：现在我们用动作表演一下，谁愿意试试看呢？（幼儿自愿进行展示）

【区域活动】

在语言区投放古诗《清明》三步卡，每张图片下面对应字卡宝宝，图片和字卡宝宝是分开的，字卡放在盒子里，请幼儿进行配对。

【延伸活动】

古诗接龙游戏：教师说上一句，幼儿接下一句；或者请个别幼儿自己出句子，请其他幼儿来接。

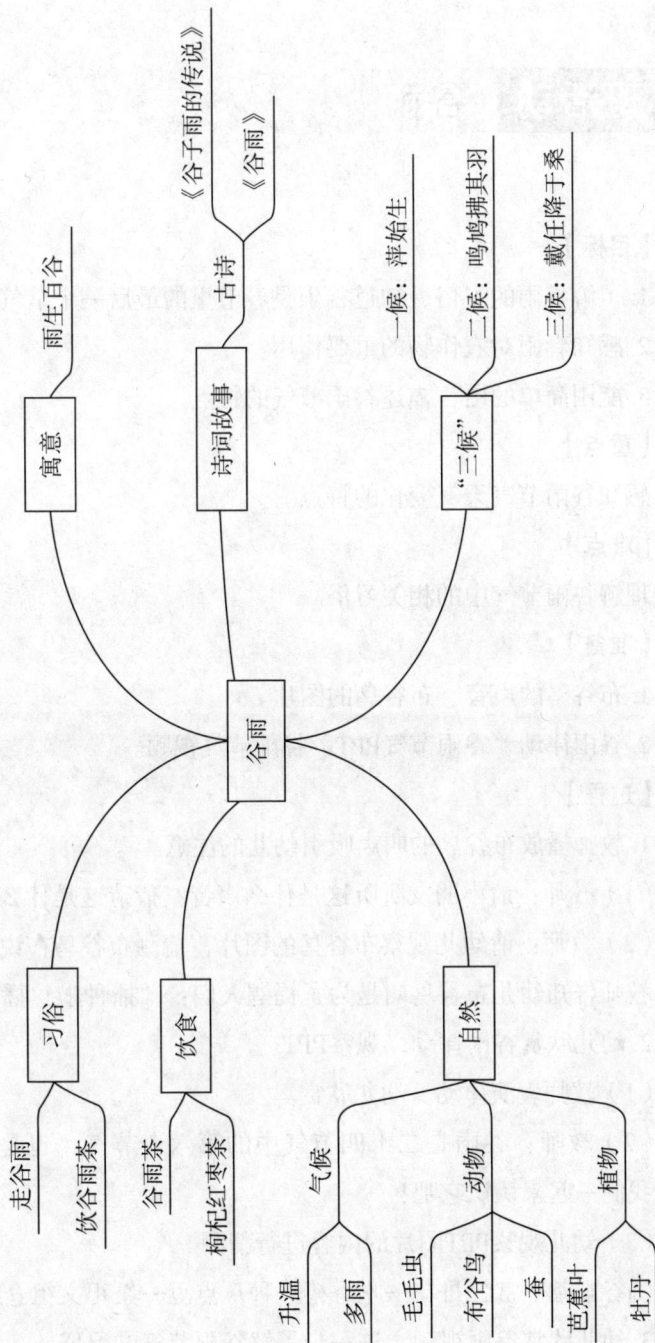

雨俗

谷雨

寓意 —— 雨生百谷

诗词故事 —— 古诗 《谷子雨的传说》《谷雨》

"三候" —— 一候：萍始生
二候：鸣鸠拂其羽
三候：戴任降于桑

习俗 —— 走谷雨
饮谷雨茶

饮食 —— 谷雨茶
枸杞红枣茶

自然 ——
气候 —— 升温
多雨
动物 —— 毛毛虫
布谷鸟
蚕
植物 —— 芭蕉叶
牡丹

41

小班活动 | 谷雨

【目标】

1. 了解谷雨的习俗，知道谷雨是春节里的最后一个节气。

2. 感知春雨对农作物的重要作用。

3. 能用简单的语言描述谷雨节气的特点。

【重点】

感知谷雨节气天气变化的特点。

【难点】

理解谷雨节气中的相关习俗。

【准备】

1. 布谷鸟的声音、布谷鸟的图片。

2. 谷雨律动、谷雨节气PPT、谷雨节气视频。

【过程】

1. 教师播放布谷鸟的叫声吸引幼儿的注意。

（1）教师：请小朋友听听这是什么声音？猜猜这是什么鸟？

（2）教师：请幼儿观察布谷鸟的图片，猜测布谷鸟在说什么？

教师告知幼儿布谷鸟叫是为了提醒人们："播种啦！播种啦！"

2. 幼儿欣赏谷雨律动，观察PPT。

（1）教师表演律动，幼儿欣赏。

（2）教师：谷雨是二十四节气中的第六个节气，也是春季里最后一个节气。我们一起来认识它吧！

（3）幼儿观察PPT图片的内容进行猜测。

喝谷雨茶—赏牡丹花—吃香椿—种瓜点豆—祭祀文祖仓颉。

3. 幼儿欣赏谷雨视频，进一步了解谷雨节气的习俗。

4. 教师带领幼儿在园里散步赏花，感受在谷雨节气里植物的变化。

【区域活动】

投放谷雨节气相关绘本到图书角，供幼儿阅读。

【延伸活动】

1. 请家长结合班级开展的节气活动，在谷雨节气期间为幼儿泡谷雨茶，让幼儿品尝谷雨茶的味道。

2. 家长与幼儿在家种植豆、瓜让幼儿进行观察，学习照顾植物。

附：儿歌

春风不吹花不开，田里无水秧难栽，

大地回暖谷雨下，暮春过后夏季来。

中班活动　谷雨

【目标】

1. 知道谷雨节气的特点和习俗。

2. 愿意大胆与同伴分享自己的发现。

3. 能大致说出故事的主要内容。

【重点】

知道谷雨节气的特点和习俗。

【难点】

能大致说出故事的主要内容。

【准备】

1. 教学PPT。

2. 汉字图卡。

【过程】

1. 教师展示汉字图卡，引入故事。

（1）教师展示汉字图卡。

教师：小朋友们，这些是什么？它们是怎么来的？

师幼共同小结：汉字是从图画演变而来的。

（2）教师出示PPT，介绍仓颉，引出故事。

教师：传说在很久以前，有一个叫仓颉的人，他创造了文字。他为什么要创造文字？他又是怎么做的？仓颉创造文字与谷雨有什么关系？（幼儿自由讨论）我们一起来听一听这个故事。

2. 教师出示PPT，讲述《仓颉与谷雨》的故事。

（1）教师引导幼儿观察画面，感知、理解故事内容。

① 第一张图片，教师：仓颉在哪里？在做什么？

② 第二张图片，教师：没有文字，这些物品可怎么记录？

③ 第三张图片，教师：仓颉怎么了？

④ 第四张图片，教师：仓颉在做什么？

⑤ 第五张图片，教师：仓颉在做什么？

⑥ 第六张图片，教师：他们在做什么？地上的是什么？

⑦ 第七张图片，教师：仓颉在做什么？

⑧ 第八张图片，教师：仓颉在做什么？这个代表什么？

（2）教师完整讲述故事，引导幼儿大致说出故事的主要内容。

① 教师结合图片完整讲述故事。

② 师：这个故事讲了什么？

师幼共同小结：玉皇大帝为了奖励仓颉创造象形文字，造福了人类，于是打开天宫的粮仓，把谷子撒向人间，人间下了一场谷子雨，这就是谷雨节气的来历。

3. 幼儿认识谷雨节气的特点和习俗。

教师：谷雨是春季的最后一个节气，你们猜一猜，在谷雨里，人们会做什么？

教师小结：谷雨是二十四节气中的第六个节气，也是春季的最后一个节气。谷雨有"三候"，一候萍始生，谷雨时节雨水增多，浮萍开始生长。二候鸣鸠拂其羽，布谷鸟一边歌唱，一边梳理自己的羽毛，提醒人们要播种粮食。三候戴任降于桑，人们能在田野中看到停落在桑树上的戴胜鸟。在谷雨时节，雨水增多，茶叶鲜嫩，人们会一起品谷雨茶，还会采摘香椿芽食用。在谷雨这天，女人们会三五成群，结伴去散步或拜访亲戚，这叫"走谷雨"，寓意强身健体，驱走百病。

4.教师组织幼儿外出捉虫，结束活动。

教师：谷雨时节，气温升高，雨水增多，除了植物苗壮成长外，害虫、病虫也多了不少。我们一起去找一找，给植物捉害虫。（教师引导幼儿仔细观察并发现害虫，鼓励幼儿大胆说出自己的发现）

【区域活动】

1.在语言区投放谷雨节气习俗图卡，供幼儿配对。

2.在科学区投放害虫介绍图卡。

3.在种植区投放捕虫网、小盒子等捉虫工具。

【延伸活动】

请家长与幼儿一起"走谷雨"。

大班活动 谷雨捉虫

【目标】

1.了解谷雨节气的天气特点及农事意义。

2.感受与同伴一起捉虫、保护植物的成就感。

3.能观察植物并使用工具给农作物捉虫。

【重点】

能观察到植物上的虫子。

【难点】

敢使用塑料袋、铲子给农作物捉虫。

【准备】

1.经验准备：幼儿对谷雨节气的天气特点有初步的了解。

2. 物质准备：

（1）雨鞋。

（2）小塑料袋、铲子。

【过程】

1. 教师带领幼儿感受谷雨节气的天气特点。

（1）教师：你们觉得这几天天气是怎样的？给你们的感受是怎样的？

（2）师幼共同小结：谷雨节气雨水增多，空气有些潮湿。

2. 通过观察菜地，了解捉虫对农作物的意义。

（1）教师：谷雨时期菜地里的菜怎么样了，我们一起去看看。

（2）教师带幼儿到菜地后提问：仔细观察一下菜地有什么变化？有些菜叶上有洞洞，这是什么原因呢？

（3）师幼共同小结：谷雨节气，雨水增多，植物长得又快又好，虫子也来捣乱了，它们到处吃叶子，在叶子上留下了很多洞洞，如果它们继续吃下去，植物就会死掉。

（4）教师提问：怎样才能赶走虫子，保护好我们的菜？

（5）师幼共同小结：喷农药能杀死虫子，但是农药很容易残留在叶子上，人吃了会生病。我们可以帮植物把虫子捉走，既安全又有效。

3. 亲身体验谷雨捉虫的乐趣。

（1）教师：请穿上雨鞋，见到虫子后，用小铲子一拨，虫子就会掉到小袋子里。

（2）幼儿取装备自主捉虫。

4. 幼儿分享捉虫的感受、方法与发现。

（1）教师提问：说说你们是怎么捉虫的，你们发现了什么？

（2）教师：农民种了很多植物，谷雨节气要特别注意虫害发生。

【区域活动】

制作手工"小昆虫"。

【延伸活动】

家长带领幼儿体验插秧苗或种香椿活动。

夏季节气

一、夏季节气活动特点

烈日炎炎、绿树成荫。夏季有立夏、小满、芒种、夏至、小暑、大暑六个节气，此时，万物生长热烈而蓬勃，小草绿油油，青蛙呱呱叫，知了不停地唱歌。随着气温不断升高，人们可以感受到天气的炎热、阳光的刺眼，随之，人们的生活作息时间、服饰和饮食也发生了很大变化。

幼儿可以通过立夏斗蛋、小满祭蚕神、夏至测影、小暑洗晒、大暑消暑等活动了解夏季节气，感受大自然的气候变化与传统节气的文化魅力。

在夏季里，幼儿还可以通过挂艾叶、悬菖蒲、包粽子、赛龙舟、编彩绳、洒雄黄酒等活动感受我国的传统节日——端午节。

生机勃勃的夏天已到来，下面让我们一起去发现夏天的乐趣吧！

二、主题目标

（一）小班主题目标

1. 健康

（1）初步了解夏季特点与防晒避暑的方法。

（2）知道夏季多喝水、勤洗手，注意个人卫生。

（3）在有比较强烈的情绪反应时，能在成人的安抚下平静下来。

（4）喜欢参加体育活动，并能在较热的户外环境中活动。

（5）在游戏中能躲避他人的碰撞，具有一定的自我保护能力与初步的竞争意识。

2. 语言

（1）愿意在熟悉的人面前说话，能大方地与人打招呼。

（2）在别人对自己说话时，能注意倾听并做出回应。

（3）愿意表达自己的需要和想法，必要时配以手势动作。

（4）能口齿清楚地说儿歌、童谣或复述简短内容。

（5）能在成人的提醒下使用恰当的礼貌用语。

3. 社会

（1）初步感知夏季的特征，愿意与熟悉的长辈一起参与夏季节气或节日活动。

（2）愿意和小朋友一起游戏，在成人的指导下不争抢、不独霸玩具。

（3）为自己的好行为或活动感到高兴。

（4）自己能做的事情愿意自己做，喜欢承担一些小任务。

（5）在成人的提醒下能遵守游戏规则，在与同伴发生冲突时能听从劝解。

（6）认识国旗，能说出自己家所在城市、小区（或乡镇）的名称。

4. 科学

（1）喜欢接触大自然，对周围的很多事物和现象感兴趣。

（2）对感兴趣的事物能仔细观察，能采用多种形式表现对夏季的感受。

（3）能感知和体验夏季天气对自己生活与活动的影响。

（4）能感知和区分物体的基本方位、大小、多少、高矮等方面的特点，并能用相应的词将其表示出来。

（5）能用数词描述事物或动作。

5. 艺术

（1）喜欢观看夏季花草树木、日月星空等大自然中美的事物。

（2）喜欢听音乐或观看舞蹈、戏剧等表演。

（3）经常哼唱或模仿有趣的动作、表情和声调。

（4）能用声音、动作、姿态模拟自然界的事物和生活情景。

（5）能用简单的线条和色彩大体画出自己想画的人或事物。

（6）经常涂画、粘贴并乐在其中。

（二）中班主题目标

1. 健康

（1）认识夏季常见的降温工具，知道人们夏季防暑降温的方法。

（2）不偏食，不挑食，不暴饮暴食，喜欢吃瓜果蔬菜等新鲜食品。

（3）认识常见的安全标志，能遵守安全规则。

（4）经常保持愉快的情绪，有情绪反应时，能在成人的提醒下逐渐平静下来。

（5）能在较窄的低矮物体上平稳地走一段距离。

（6）喜欢参加体育活动，能在较热的户外环境中连续活动半小时。

2. 语言

（1）愿意与他人交谈，喜欢谈论自己感兴趣的话题。

（2）能基本完整地讲述自己的所见所闻。

（3）对生活中常见的标识、符号感兴趣，知道它们表示一定的意义。

（4）学习用完整的句式对图画、故事进行表述。

（5）愿意用图画和符号等表达自己的愿望与想法。

（6）能根据连续画提供的信息，大致说出内容情节。

3. 社会

（1）了解斗蛋、斗草、煮酸梅汤等是夏季节气的习俗活动。

（2）喜欢与同伴一起参与夏季节气的各种活动。

（3）感受理解规则的意义，并能基本遵守规则。

（4）能按自己的想法进行游戏或其他活动。

（5）能注意到别人的情绪，并有关心、体贴的表现。

（6）体会到父母的辛苦并愿意协助父母做一些自己力所能及的家务。

4. 科学

（1）了解夏季常见的自然现象。

（2）能对事物或现象进行观察比较，发现其相同与不同。

（3）能感知和发现夏季对动植物与人的影响。

（4）感知和体会数字用在不同的地方表示不同的意义。

（5）能用图画或其他符号做简单的观察记录。

（6）能理解有些事物可以用数来描述，对环境中各种数字的含义有进一步探究的兴趣。

5. 艺术

（1）能够关注夏季环境中自然事物的色彩和形态，发现美的事物。

（2）通过音乐活动，感知声音的高低、长短、强弱等变化。

（3）通过欣赏名画，丰富幼儿对艺术作品的感受和体验。

（4）体会美术作品中不同的线条与色彩带来的不同感受。

（5）愿意参加各种艺术活动，并在活动中进行大胆创作。

（6）能够用绘画、捏泥、手工制作等多种方式表现夏季的景色。

（7）能够通过给熟悉的歌曲编词来表达自己的心情。

（三）大班主题目标

1. 健康

（1）了解夏季的卫生保健常识，学会照顾自己。

（2）了解夏季节气中的特色食物和消暑的方法。

（3）喜欢动手制作美食，感受动手烹饪的乐趣。

（4）知道夏季预防中暑的方法，能主动喝水，及时补充水分。

（5）能适应夏季炎热的天气，在户外环境中连续活动半小时以上。

（6）能快速躲避他人扔过来的东西，并提高掷远和掷准的能力。

（7）喜欢参加竞争游戏，提高竞争意识和集体荣誉感。

2. 语言

（1）认真倾听教师或同伴讲话，积极参与讨论，表达自己的想法。

（2）学会用有序、连贯的语言清楚地描述事情。

（3）尝试使用一些叠词和形容词来丰富语言的表达方式。

（4）对绘本故事和生活当中的文字符号感兴趣。

（5）对成语故事、历史传说、古诗、绕口令等传统文化题材感兴趣。

（6）能进行自主阅读，并与他人分享自己在阅读中的发现和想法。

（7）能通过观察图片猜测、讲述故事中的情节变化。

3. 社会

（1）学习与同伴进行分工合作，有礼貌地与人进行沟通和交往。

（2）在遇到冲突时，能与同伴协商，共同寻找解决问题的办法。

（3）与同伴共同协商制定简单的游戏规则并自觉遵守。

（4）在活动中积极承担小任务，提升责任感和任务意识。

（5）关注周围的人和事，对社会新闻和资讯感兴趣。

（6）了解夏季的传统节日和我国的民族文化，感知文化的多样性和差异性。

4. 科学

（1）了解夏季节气的气候特点和动植物的生长变化，尝试用自己的方式设计记录表。

（2）通过观察、实验，探索光和影的奥秘。

（3）探索颜色和温度的关系，了解哪些颜色较吸热。

（4）通过养蚕，了解蚕的生长环境和生长过程。

（5）观察夏季的天气变化，了解打雷和闪电的科学现象。

（6）探索颜色与温度的关系，分辨吸热较强和较弱的颜色。

（7）在实际生活中探究理解数、量、数量关系、图形与空间关系等。

5. 艺术

（1）感受夏季的美丽景色并运用多种材料进行绘画、手工创作。

（2）用多种材料、不同的创作方式来表现自己的感受和想象。

（3）愿意与别人分享和交流自己对艺术作品的感受和想法。

（4）喜欢艺术活动，体验与同伴合作进行艺术创作的乐趣。

（5）能用自然的声音、正确的姿势歌唱，并且节奏和音调基本准确。

（6）能用律动或简单的动作表达自己对乐曲的感受和想象。

（7）了解和分辨几种常见乐器的声音，并用自己喜欢的方式来配乐。

三、活动内容、亲子活动和环境创设

节气	年级	活动内容	亲子活动	环境创设
立夏	小班	1. 认识立夏节气。 2. 豆子搬家啦	1. 请家长在家里与幼儿一起煮食茶叶蛋。 2. 请家长和幼儿一起买绿豆来煮食绿豆糖水	1.墙饰：主题背景墙上张贴夏季节气介绍、夏季节气里比较有代表性的动植物介绍。 2. 节气桌：立夏文字卡片；立夏"三候"图片；称体重、青梅、自制小网兜袋挂蛋、小扇子、驱蚊香囊等。
	中班	1. 欢乐斗蛋。 2. 称重祈福	请家长与幼儿不定期地称重，发现每位家庭成员体重的变化	

续表

节气	年级	活动内容	亲子活动	环境创设
立夏	大班	1. 好玩的立夏蛋。 2. 体重与健康。 3. 美味的立夏饭	1. 亲子测量体重并进行比重。 2. 周末家长带领幼儿到户外感受夏天的自然美景。 3. 请家长带领幼儿选择材料制作立夏的节气美食	3. 区域材料： 美工区：投放各种昆虫、夏季农作物图片。 生活区：投放绿豆、花生、小碗、小勺子
小满	小班	1. 快乐小满。 2. 美丽的夏装	请家长和幼儿一起整理家人夏季的服装，并说一说这些服装的特点	1. 墙饰：展示夏季服装图片。 2. 节气桌：小满文字卡片；小满"三候"图片；麦穗、小雨伞、蚕茧、小水车的实物或图片。 3. 区域材料： 美工区：投放手指点画颜料、油画棒、水彩笔、超轻彩泥、不同种类的纸张材料。 科学区：投放蚕宝宝及养蚕所需物品；知了、青蛙的成长过程图、称体重的工具和表格。 种植区：投放香菜种子、种植工具
	中班	1. 夏天的花儿。 2. 种植香菜。 3. 小小的萤火虫	1. 养蚕漂流记——每个家庭负责照顾蚕宝宝一天。 2. 请家长与幼儿一起运用绘画、粘贴、泥工等方式表现蚕宝宝。 3. 请家长与幼儿一起到户外寻找萤火虫	
	大班	1. 服装设计师。 2. 插桑枝。 3. 水墨画荷花	1. 请家长和幼儿一起收集关于养蚕的知识和蚕丝制品。 2. 请家长利用假期带领幼儿去公园或农家欣赏荷花和睡莲	
芒种	小班	1. 认识芒种节气。 2. 面粉与小麦	1. 请家长和幼儿一起查找夏季田地里的农作物。 2. 请家长与幼儿一起购买一个温度计，并每天观察温度的变化	1. 墙饰：增加麦穗图片或干麦穗。 2. 节气桌：芒种文字卡片；芒种"三候"图片；麦穗、螳螂、苦瓜、桃子、西瓜、莲叶的实物或图片。 3. 区域材料： 科学区：提供幼儿区分大小、多少、高矮、长短等操作材料；提供温度计、认识夏季有代表性的农作物卡片。 美工区：投放报纸与大透明胶。 种植区：投放植物生长记录本、浇水壶、铲子
	中班	1. 煮酸梅汤。 2. 斗草。 3. 泥巴乐翻天	1. 亲子购买食材制作酸梅汤。 2. 请家长协助幼儿比较家里的叉子、勺子、筷子等物品的长短	
	大班	1. 水稻的生长过程。 2. 品麦香。 3. 麦秸秆编织	1. 请家长和幼儿收集关于小麦的资料，亲子制作面食。 2. 请家长与幼儿寻找发现生活中的麦秸工艺品	

续 表

节气	年级	活动内容	亲子活动	环境创设
夏至	小班	1. 夏至到。 2. 有趣的影子。 3. 五彩面条	1. 请家长与幼儿在家一起查找资料,了解夏季有代表性的昆虫。 2. 请家长鼓励幼儿在日常生活中找找还有哪些地方有影子并一起做影子游戏	1. 墙饰:蝉的生长过程、水稻生长过程。 2. 节气桌:夏至文字卡片;夏至"三候"图片;遮阳帽、清凉油、西瓜、桃子、杨梅等摆放。 3. 区域材料: 科学区:投放"蝉的一生"变化卡片、放大镜、凹凸镜、温度计、电池、灯泡、金属、木头等导电的实验材料、手电筒等
	中班	1. 和影子玩游戏。 2. 煮绿豆糖水	1. 请家长与幼儿一起探索更多不同的影子游戏。 2. 请家长与幼儿共同了解青蛙的习性,知道青蛙与人类的关系	
	大班	1. 蝉的一生。 2. 消暑九九歌	1. 亲子收集地球绕着太阳公转运行轨迹等关于地球运转与四季变化的知识。 2. 亲子户外活动时通过蝉的叫声寻找蝉的位置	
小暑	小班	1. 夏天的水果。 2. 绘本《蚂蚁和西瓜》	1. 亲子制作水果拼盘。 2. 请幼儿和家人一起去户外寻找并观察蚂蚁。 3. 请家长与幼儿一起观赏夏季的星空	1. 墙饰:用卡纸制作荷花,分别布置在主题墙的角落;主题"夏天的乐趣与安全"栏;"夏季防暑、防溺水安全小常识"栏;展示幼儿对夏季自然景物、昆虫、防暑小妙招等内容的创意绘画或手工作品。 2. 节气桌:小暑文字卡片;棉花、洗晒节、小暑"三候"图片;西瓜、荷花、荷叶、小电扇、莲藕、青草的实物或图片。 3. 区域材料: 阅读区:投放绘本《蚂蚁和西瓜》《向日葵》
	中班	1. 《荷花荷花几月开》。 2. 荷花与莲藕。 3. 消暑有办法	1. 请家长利用节假日带领幼儿去超市、市场挑选时令蔬果。 2. 请家长和幼儿一起探讨消暑的办法并进行尝试	
	大班	1. 洗晒节——晒书包。 2. 水果拼盘。 3. 向日葵	1. 请家长带领幼儿将家里的玩具和生活用品进行洗晒。 2. 亲子制作夏季水果冰棍	
大暑	小班	1. 大暑。 2. 小茶壶	1. 亲子游戏《小茶壶》。 2. 家长可以与幼儿一起去安全的游泳馆游泳	1. 墙饰:夏季的星空、星座图片等。

续 表

节气	年级	活动内容	亲子活动	环境创设
大暑	中班	1. 大暑饮茯茶。 2. 有趣的水	1. 请家长与幼儿在家饮茯茶或广东凉茶。 2. 请家长与幼儿一起了解雨后彩虹现象	2. 节气桌：大暑文字卡片；三暑"三候"图片；挂艾叶、悬菖蒲、洒雄黄酒、编五彩绳、自制香囊等。 3. 区域材料： 图书角：投放关于夏季和节气的绘本；投放关于自然科学、宇宙探秘的绘本书籍；关于暴雨、台风安全教育的图书。 语言区：投放绕口令、看图说话、夏季水果图片与名称接龙游戏、成语故事、寓言故事、古诗、千字文、暴雨信号等材料。 美工区：投放毛笔、中国画颜料、宣纸、油纸伞、水彩笔、橡皮泥、油画棒、剪刀。 生活区：投放茶具、茶叶
	大班	1. 夏日的星空。 2. 颜色与温度。 3. 彩绘纸油伞	1. 请家长带领幼儿观察夏日夜空，寻找北斗七星，感受星空的浩瀚和神秘。 2. 请家长与幼儿一起使用不同的遮阳产品，探索产品的应用原理。 3. 用温度计测量和记录每天户外的温度	

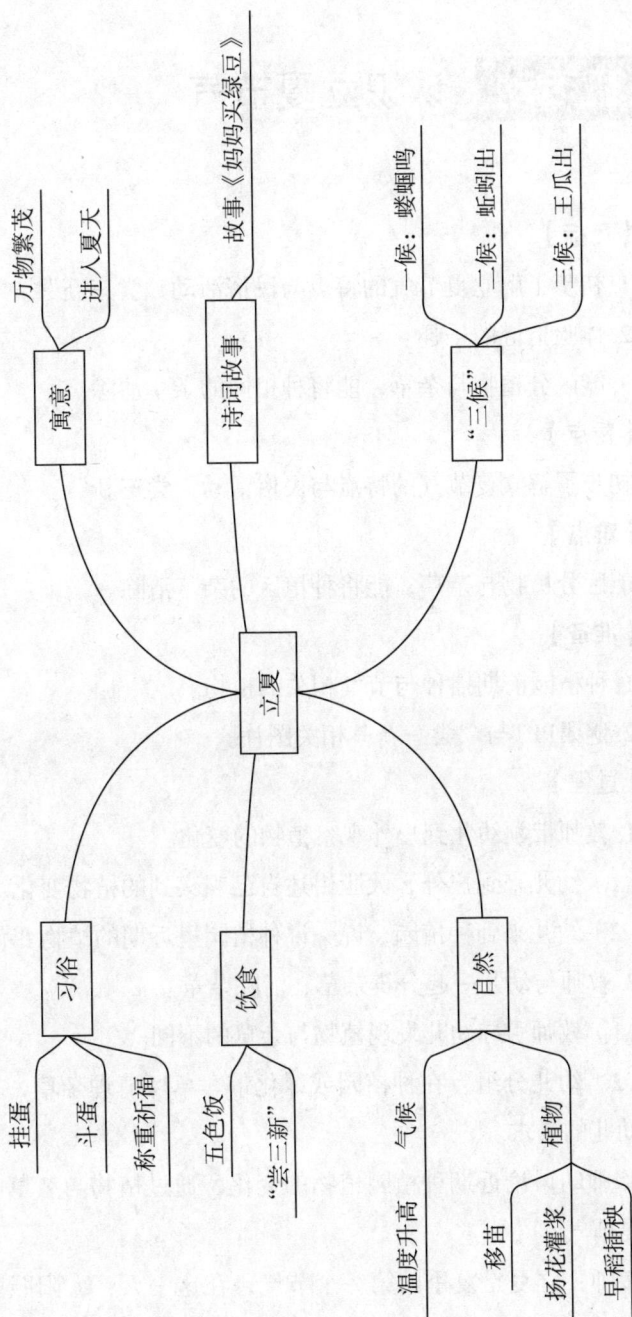

夏
立

立夏

寓意
- 万物繁茂
- 进入夏天

诗词故事
- 故事《妈妈买买绿豆》

"三候"
- 一候：蝼蝈鸣
- 二候：蚯蚓出
- 三候：王瓜出

习俗
- 挂蛋
- 斗蛋
- 称重祈福

饮食
- 五色饭
- "尝三新"

自然
- 气候
  - 温度升高
- 植物
  - 移苗
  - 扬花灌浆
  - 早稻插秧

小班活动 认识立夏节气

【目标】

1. 初步了解立夏节气的特点与民俗活动"尝三新"。

2. 体验猜谜的乐趣。

3. 能区分植物与杂草，能将种植区的杂草清除。

【重点】

初步了解立夏节气的特点与民俗活动"尝三新"。

【难点】

能区分植物与杂草，能将种植区的杂草清除。

【准备】

1. 种植园前期播种与节气相关的植物。

2. 谜语PPT与"尝三新"相关图片。

【过程】

1. 教师带领幼儿到户外观察植物的变化。

（1）幼儿来到户外，大胆讲述自己观察到的植物变化。

（2）幼儿来到种植园，说一说种植园里近期的植物变化。

2. 教师与幼儿一起分辨杂草、清除杂草。

（1）教师引导幼儿发现植物与杂草的不同。

（2）幼儿分组，在种植园或绿化带、草坪清理杂草，教师巡回观察并及时回应幼儿的需求。

3. 师幼讨论近期种植园植物的变化，通过植物与杂草的变化，引导幼儿了解立夏节气。

教师：立夏是夏季的第一个节气，在这一天，太阳照射大地的时间是最长的。立夏也代表春天的结束，夏季的开始。春季在地里播下的种子已经逐渐长大，立夏后，植物生长的速度很快，但杂草生长得更快，于是农民伯伯隔几天就要到地里为庄稼除草，进入一年之中最忙碌的时候。

4.幼儿回到活动室参与猜谜活动，了解立夏民俗活动"尝三新"。

（1）教师出示关于豆子、樱桃、鱼的PPT谜语，引导幼儿理解谜语并进行猜谜游戏。

（2）教师根据图片介绍立夏民俗活动"尝三新"：立夏过后，农民伯伯种的庄稼、瓜果生长得很快，有些已经结出了果实。立夏的时候，人们会吃三种地里成熟的果实、三种树上成熟的水果、三种此时鲜美可口的鱼来庆祝立夏。

5.师幼共同小结：立夏除了"尝三新"外，人们还会进行挂蛋、称人等不同的民俗活动来迎接夏天的到来。

【延伸活动】

请家长与幼儿一起购买"三新"食材，进行"尝三新"活动。

中班活动 欢乐斗蛋

【目标】

1.知道斗蛋是立夏传统的民俗游戏。

2.喜欢和同伴一起游戏，体验民俗游戏的趣味性。

3.能够遵守斗蛋时蛋头碰蛋头、蛋尾碰蛋尾的规则。

【重点】

知道斗蛋是立夏传统的民俗游戏。

【难点】

能够遵守斗蛋时蛋头碰蛋头、蛋尾碰蛋尾的规则。

【准备】

1.幼儿从家里带鸡蛋若干。

2.小碟子若干。

【过程】

1. 教师提问导入活动，激发幼儿的好奇心。

（1）教师：今天小朋友们从家里带来的鸡蛋可以用来干什么？（幼儿自由发言）

教师根据幼儿回答进行小结：鸡蛋可以用来吃，也可以用来孵小鸡等。

（2）教师：除了这两样，鸡蛋还可以用来玩一个叫斗蛋的游戏，大家先猜一猜什么是斗蛋？

2. 教师引导幼儿观察游戏，使幼儿了解斗蛋的习俗与玩法。

（1）教师介绍斗蛋习俗的来历："立夏胸挂蛋，孩子不疰夏。"这句谚语是说：立夏时吃鸡蛋，小孩子就不容易产生身体疲劳、四肢无力、食欲减退、逐渐消瘦的现象。小孩子们斗蛋为戏，以蛋壳坚而不碎为赢。如果小孩子的蛋斗破了，也不要觉得失望，把破了壳的蛋吃下，能够长力气。

（2）请小朋友描述一下鸡蛋，再摸一下鸡蛋的两头。

教师：鸡蛋的两头有什么不一样？

师幼共同小结：宽的那边叫蛋尾，窄的那边叫蛋头。

（3）介绍斗蛋的规则：6人一组，两组上台面对面，一人拿着一颗鸡蛋，听教师口令，蛋头对蛋头，蛋尾对蛋尾对碰。如果蛋破了，就把破了的蛋放在碟子中，在一边给其他小朋友加油。赢的人继续斗蛋，坚持到最后的蛋就是"蛋王"了。

（4）教师示范后，按人分发碟子，游戏开始。教师在幼儿游戏中巡回观察、引导，给予幼儿肯定与鼓励。

3. 斗蛋游戏结束，教师引导幼儿把斗破的蛋吃掉，补充幼儿的体力。

教师：斗蛋比赛都累了吧？请把自己的鸡蛋吃掉，补充能量，蛋壳放在碟子里。

【延伸活动】

回到家与爸爸妈妈一起装饰鸡蛋，并互相斗蛋。

大班活动 好玩的立夏蛋

【目标】

1. 了解立夏的民俗游戏和饮食文化，知道立夏有斗蛋和吃蛋的习俗。

2. 喜欢与同伴一起动手操作和游戏。

3. 尝试煮立夏蛋，制订斗蛋游戏的计划，在游戏中探索规则。

【重点】

了解立夏的民俗游戏和饮食文化，知道立夏有斗蛋和吃蛋的习俗。

【难点】

小组合作，尝试煮蛋、探索斗蛋游戏的规则。

【准备】

1. 经验准备：对立夏节气与习俗已有基本的认知。

2. 物质准备：电磁炉、水壶、鸡蛋若干、立夏民俗活动PPT。

【过程】

1. 教师通过提问，引出立夏蛋的活动主题。

（1）教师：小朋友们，我们迎来了骄阳似火的5月，有一句古诗说得非常好：五月榴花妖艳烘，绿杨带雨垂垂重。五月有一个非常重要的节气，那就是立夏，立夏有什么好玩的民俗活动呢？

（2）师幼共同小结：立夏节气有称人、"尝三新"、迎夏仪式、斗蛋等活动。

2. 教师播放PPT，唤起幼儿对立夏节气相关习俗的已有经验。

（1）教师出示立夏节气介绍PPT，幼儿进一步了解立夏节气的名称和含义。

教师：立夏是二十四节气中的第七个节气。立夏的意思是告别春天，迎接夏天的到来。这个时候，温度逐渐升高，天气慢慢变热，雷雨增多，我们的农作物也进入了苗壮成长的阶段。

（2）教师出示立夏民俗介绍PPT，引出立夏蛋的话题。

教师：立夏开始，进入"长"季，人和农作物一样加速生长，这就需要很多能量的支持。但是立夏时节，人们出汗多、身体消耗大，于是古时候的人们就会通过吃鸡蛋来补充能量。在立夏这天，家家户户都会煮好囵囫蛋（带壳清煮的鸡蛋），由此还引发了挂蛋、斗蛋等游戏。

3. 教师提问，唤起幼儿对煮鸡蛋的已有经验。

教师：小朋友们见过爸爸妈妈煮鸡蛋吗？他们是怎么煮的？（幼儿进行自由表达）

师幼共同小结：煮鸡蛋要用凉水煮，煮10～15分钟即可。

4. 教师示范，幼儿尝试煮鸡蛋。

（1）教师：今天我们来一起煮立夏蛋。首先将洗干净的鸡蛋轻轻地放进锅中，再添加凉水（不能太满），煮15分钟（冷水煮鸡蛋，蛋壳不容易破裂），然后将鸡蛋捞出放入冷水中散热。

（2）幼儿动手煮鸡蛋。（教师在此协助安全防护，进行安全使用电器的教育）

5. 教师通过谈话活动，引出斗蛋比赛的环节。

教师：当立夏蛋煮好以后，再用冷水浸泡几分钟，接下来就进行斗蛋比赛了。

6. 幼儿制订斗蛋计划，进行斗蛋游戏，在游戏中探索规则。

（1）教师：在进行斗蛋比赛之前，小朋友们要制订计划，提前想一想，怎样进行斗蛋才会赢？

（2）师幼共同小结：计划的内容包括组员、比赛安排、蛋的种类、斗蛋的地点和方法等。小朋友们进行分组，用简单的文字、图案、符号等制订斗蛋计划。

（3）教师：斗蛋开始，小朋友们按照计划进行分组自由斗蛋，鸡蛋撞破了便输，直至最后分出高低。

（4）请胜出的幼儿分享斗蛋成功的相关经验，师幼共同探讨并小结记录。

7. 幼儿品尝立夏蛋，再次感受立夏吃蛋的习俗文化。

教师："立夏吃了蛋，热天不疰夏"，现在请小朋友一起来品尝你们刚刚煮好的鸡蛋。

8. 幼儿尝试梳理今天的活动小结。

【延伸活动】

1. 亲子尝试用不同的食材煮蛋，如茶叶蛋、五香蛋等。

2. 在美工区投放制作染蛋的相关材料。

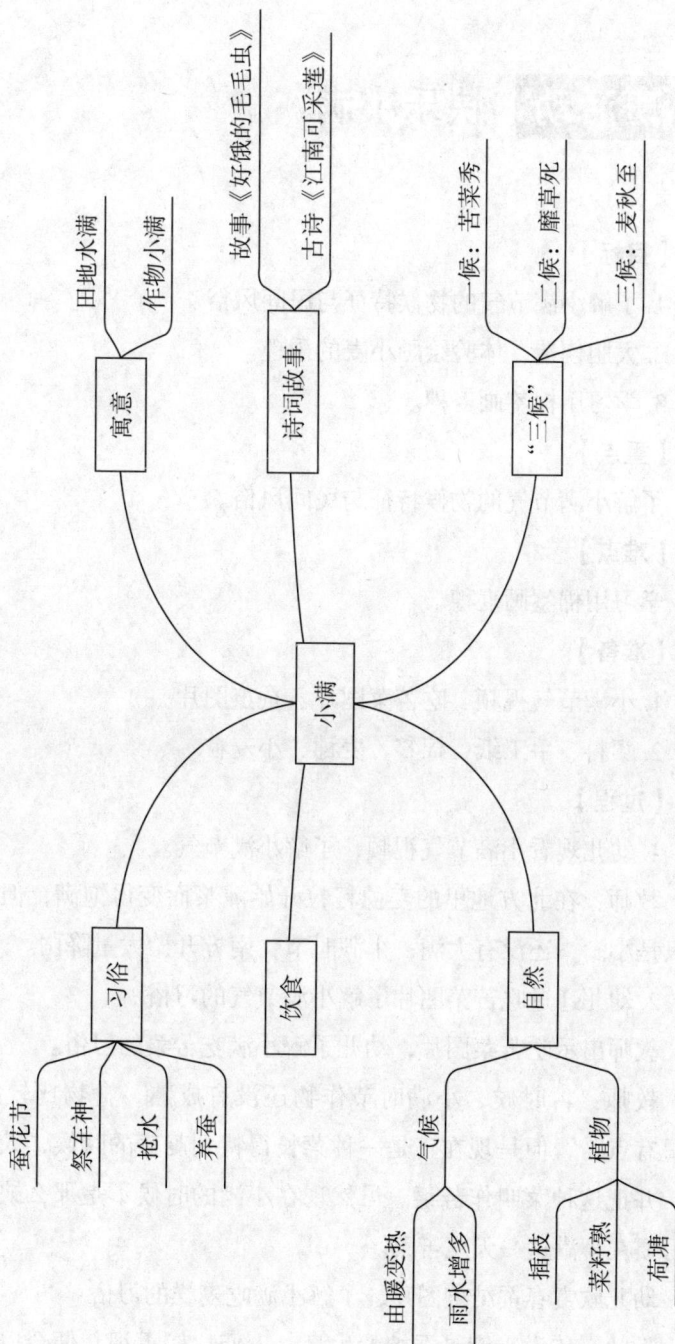

小满

寓意 ── 田地水满
　　 └─ 作物小满

诗词故事 ── 故事《好饿的毛毛虫》
　　　　 └─ 古诗《江南可采莲》

"三候" ── 一候：苦菜秀
　　　 ├─ 二候：靡草死
　　　 └─ 三候：麦秋至

习俗 ── 蚕花节
　　 ├─ 祭车神
　　 ├─ 抢水
　　 └─ 养蚕

饮食

自然 ── 气候 ── 由暖变热
　　 │　　　 └─ 雨水增多
　　 └─ 植物 ── 插枝
　　　　　　 ├─ 菜籽熟
　　　　　　 └─ 荷塘

小班活动 快乐小满

【目标】

1. 了解小满节气的物候特征与民间风俗。

2. 大胆创造，体验绘画小麦的乐趣。

3. 学习用棉签画麦穗。

【重点】

了解小满节气的物候特征与民间风俗。

【难点】

学习用棉签画麦穗。

【准备】

1. 小满节气视频、吃苦菜图片、蚕茧图片。

2. 颜料、手工纸、棉签、麦穗、小麦粒。

【过程】

1. 幼儿观看小满节气视频，了解小满节气。

教师：在北方地里的麦穗籽粒开始灌浆而变得饱满，但是还没有成熟，所以只是小满，还没有大满；小满时节，南方开始大量降雨。

2. 幼儿通过吃苦菜图片了解小满节气的习俗。

教师出示吃苦菜图片，幼儿了解小满吃苦菜的习俗。

教师：古时候，小满时节作物还没有成熟，食物比较匮乏。人们的日子过得有点苦，但是现在正是一种菜长得特别茂盛的时候，人们会挖这种菜煮着吃，并把这种菜叫作苦菜。虽然现在小满的时候不是那么缺乏食物，但人们仍然习惯在小满这一天吃苦菜。

幼儿欣赏春蚕结茧图片，了解小满吃麦糕的习俗。

教师：传说小满是蚕神的生日，人们比较重视，便会以米粉或面粉为原料做成蚕茧样子的小吃，祈求蚕茧大丰收。

3. 幼儿通过观察，认识麦穗与麦粒。

（1）幼儿观察麦穗，教师鼓励幼儿说一说麦穗的样子。

（2）幼儿观察麦粒，教师帮助幼儿理解灌浆的意思，了解麦粒是从麦穗里长出来的，麦粒磨成面粉后可以用来制作糕点。

4. 幼儿尝试绘画小麦。

（1）教师介绍以点向外放射的方法和利用棉签与颜料绘画麦穗的方法。

（2）幼儿绘画，教师巡回观察，帮助幼儿拍照进行过程记录，对勇敢尝试的幼儿给予肯定，对能力较弱的幼儿给予适当帮助。

5. 幼儿作品展示。

教师将幼儿绘画的麦穗展示在班级，美化班级环境。

6. 师幼共同小结：在小满节气的时候，除了麦子灌浆、吃苦菜、祭蚕神外，农民伯伯还要抓紧为田地里的庄稼灌水、施肥，这样才能大丰收。

【区域活动】

将小麦粒、棉签、颜料、小纸片等材料投放在美工区，供幼儿继续制作麦穗，幼儿后期制作的麦穗也可以随时展示或带回家中与家人分享。

【延伸活动】

1. 鼓励幼儿为家里的植物浇水、施肥。

2. 请家长带幼儿一起去郊区的麦田观察小麦，了解小麦的生长过程。

中班活动　夏天的花儿

【目标】

1. 欣赏花瓣的色彩和形态，发现花瓣的美，了解常见花朵的名称。

2. 体验艺术创作以及与同伴共同创作的乐趣。

3. 利用凋落的花瓣制作出不同造型的裙子。

【重点】

了解几种常见的花朵名称。

【难点】

利用凋落的花瓣制作出不同造型的裙子。

【准备】

1. 小篮子若干、纸、粘贴工具、笔。

2. 供幼儿欣赏的花瓣画。

【过程】

1. 教师通过谈话导入活动，激发幼儿对活动的兴趣。

教师：夏天来了，小满节气到了，幼儿园里的花都开了，我们到户外去寻找花朵吧！

2. 通过观察花朵、捡花瓣、教师向幼儿介绍花朵名称等方式提升幼儿的认知水平。

（1）幼儿带着记录表到户外去观察花朵并进行记录。

教师：你们发现的花是什么颜色、什么形状的？

教师：请将你们看到的花画出来。

（2）请幼儿将凋落的花瓣收集到篮子里。

（3）教师带幼儿回教室，了解常见花朵的名称。

3. 幼儿利用花瓣进行粘贴画。

（1）图片欣赏，拓宽幼儿思路。

请幼儿观看图片并引导幼儿观看图片中花瓣的使用技巧。

讨论：如何设计花瓣裙子？

教师：图片中是如何利用花瓣设计裙子的？用了什么工具和方法？

教师：你们打算如何用花瓣设计裙子？

教师：你们打算用什么样的方式粘贴花瓣？

（2）幼儿自由创作。

幼儿自由创作花瓣粘贴画，为模特设计裙子。教师观察、引导幼儿的创作过程，并提供必要的指导和帮助。

4. 幼儿作品展示。

教师：大家设计的裙子都完成了，小朋友们可以上来分享自己的作品并进行介绍，我们来一场"时装秀"吧！

【延伸活动】

带幼儿收集夏日的各种树叶制作树叶拼贴画。

大班活动 服装设计师

【目标】

1. 观察夏季服装的特点，了解左右对称。

2. 喜欢自己的作品，并自信大方地进行展示。

3. 尝试用卡纸、皱纹纸等多种材料进行夏装的设计和装饰。

【重点】

尝试用卡纸、皱纹纸等多种材料进行夏装的设计和装饰。

【难点】

观察夏季服装的特点，了解左右对称。

【准备】

1. 夏季各种款式、各种色彩和各种装饰的服装欣赏PPT。

2. 卡纸、皱纹纸、剪刀、胶棒、水彩笔、勾线笔、压花器等材料。

3. 走秀音乐。

【过程】

1. 教师引导幼儿观察大家穿的衣服，说说这些衣服的款式、颜色、花纹等特征，引出活动。

（1）请幼儿结合实际说说初夏时节小满节气，我们穿的衣服是什么颜色、什么花纹以及袖子和衣领等部位是什么样子的。

（2）引导幼儿发现小满节气人们穿衣的特点：衣服薄、袖子短、裙子、短裤（凉快）、防晒衣（防晒）、防蚊裤（防蚊虫）等。

2. 幼儿观看PPT，欣赏有夏季特色的服装。

（1）幼儿根据PPT的画面，用自己的语言描述所观察到的服装特点。

（2）在教师的引导下，了解服装左右对称，如袖子、裤腿等。

3. 幼儿运用材料进行服装的设计和制作。

（1）与同伴说说自己想用什么材料，想做一件什么样的夏装。

（2）利用卡纸、皱纹纸、剪刀、水彩笔等材料进行夏装的设计和制作，有需要其他材料或帮助的，可寻求教师。

（3）根据自己的想法进行设计、制作夏装。

（4）教师巡回，观察幼儿的活动状况，发现需要帮助的幼儿及时进行指导。

4. 幼儿展示分享自己设计的夏装。

（1）在教师的帮助下，将自己设计的夏装粘贴或用绳子"穿"在身上。

（2）幼儿跟随音乐表演"时装秀"，将自己设计的服装进行展示。

【区域活动】

在活动区投放少数民族的服装或者精美图片，让幼儿感受少数民族的服饰文化。

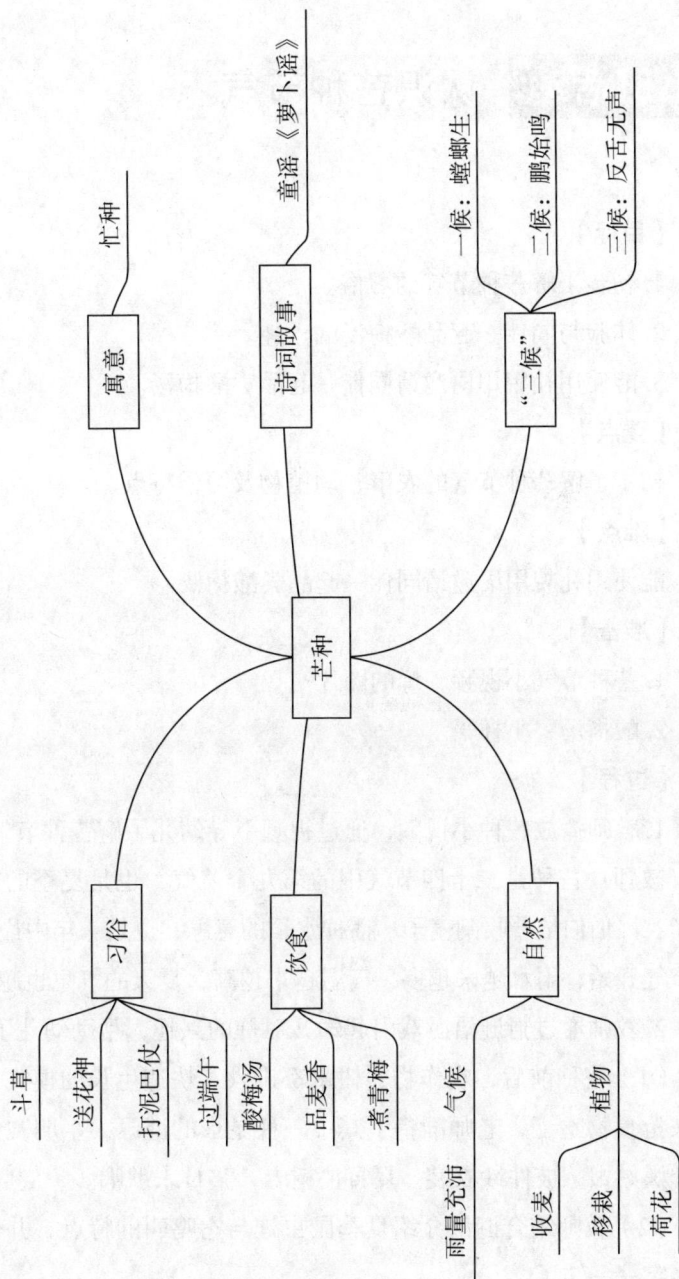

芒种

芒种

寓意 —— 忙种

诗词故事 —— 童谣《萝卜谣》

"三候"
- 一候：螳螂生
- 二候：鹏始鸣
- 三候：反舌无声

习俗
- 斗草
- 送花神
- 打泥巴仗
- 过端午

饮食
- 酸梅汤
- 品麦香
- 煮青梅

自然
- 气候 —— 雨量充沛
- 收麦
- 植物
  - 移栽
  - 荷花

小班活动 | 认识芒种节气

【目标】

1. 初步了解芒种节气的习俗。

2. 体验与同伴一起品酸梅汤的乐趣。

3. 能使用礼貌用语邀请同伴一起品尝酸梅汤。

【重点】

初步了解芒种节气的农事、动植物及习俗特点。

【难点】

能使用礼貌用语邀请同伴一起品尝酸梅汤。

【准备】

1. 芒种节气小视频、蝉的图片。

2. 酸梅汤、小杯子。

【过程】

1. 教师播放芒种小视频，通过视频引导幼儿了解芒种节气的特点。

教师：芒种是二十四节气中的第九个节气，也是夏季的第三个节气。芒种是指农民伯伯忙着收割麦子、播种水稻的意思，也是一年中最忙碌的时候。从芒种节气开始，雨水越来越多，气温越来越高，夏天的气息也越来越浓啦！

2. 教师通过猜谜语游戏引起幼儿对蝉的兴趣，帮助幼儿了解蝉。

（1）芒种前后，农作物、树木都进入了快速生长的模式，一些夏天的昆虫也来抢食物吃了，老师准备了其中一种昆虫的谜语，小朋友们猜一猜它是谁：一个黑姑娘，披件纱衣裳。夏日住树上，整日来歌唱。（谜底：蝉）

（2）教师结合谜语介绍夏季昆虫蝉与它鸣叫的特点，并介绍蝉还有另外一个名字——知了。

3. 了解芒种节气品酸梅汤的习俗。

教师：在芒种节气有煮梅的习俗，煮梅也就是后来的酸梅汤，这个时候喝酸梅汤可以帮助我们消化、止渴，赶走疾病，今天我们就来一起品酸梅汤吧！

幼儿与教师一起品尝酸梅汤，幼儿分工倒酸梅汤、端酸梅汤，邀请同伴一起品尝。

4. 师幼共同小结。

【区域活动】

在班级科学区投放温度计，激发幼儿对温度变化探索的欲望。

【延伸活动】

1. 在户外活动时，教师注意引导幼儿发现周围知了的叫声，寻找知了。请家长在带幼儿进行户外活动时也注意聆听知了的叫声，发现身边的知了。

2. 请家长与幼儿在家煮酸梅汤。

3. 请幼儿向家人介绍芒种节气。

中班活动 煮酸梅汤

【目标】

1. 了解酸梅汤中各种食材对人体的保健功能，知道立夏节气人们会饮酸梅汤来消暑。

2. 体验制作酸梅汤的乐趣。

3. 知道制作酸梅汤的步骤，能与同伴一起动手制作酸梅汤。

【重点】

了解酸梅汤中各种食材对人体的保健功能。

【难点】

知道制作酸梅汤的步骤，能与同伴一起动手制作酸梅汤。

【准备】

1. 经验准备：对酸梅汤的材料与味道已有基本认知。

2. 物质准备：电磁炉、一次性纸杯、饮用水、杨梅、山楂、甘草、冰糖、酸梅汤制作步骤图。

【过程】

1.观看视频，了解芒种喝酸梅汤习俗的由来。

教师：芒种时节，仲夏已至，全国各地都开始迎来高温天气。酸梅汤作为一道解暑止渴、除去烦闷、让心情和身体都变好的饮品，在炎热的夏季中受到了大家的欢迎。

2.认识并了解制作酸梅汤的食材，知道其功效。

（1）教师：你们知道制作酸梅汤需要哪几种材料吗？

师幼共同小结：乌梅、山楂、甘草、桂花、洛神花、冰糖等。

（2）教师：你们知道这几种材料的味道吗？

教师拿一些洗干净的杨梅、山楂、甘草让幼儿品尝并分享味觉体验。

（3）教师简单科普酸梅汤中食材对人体的好处：乌梅具有生津止渴的功效；山楂可以消脂降压；桂花有化痰散瘀的功效；甘草清热解毒；冰糖益气润肺。这些食物一并熬制具有很好的开胃消食的作用。

3.观看酸梅汤制作步骤图，了解酸梅汤的制作方法。

（1）动手清洗食材，乌梅要使用食盐清洗。将食材放入锅里，再倒入饮用水（不能太满）。

（2）幼儿自行分组制作酸梅汤。分工包括：清洗不同食材、装饮用水、活动后清洗锅具、擦桌子、擦地板。

（3）品尝与分享。

教师：请小朋友们分享酸梅汤的味道。

4.师幼共同总结评价，了解"青梅煮酒论英雄"的典故。

教师：刚才小朋友们品尝了酸酸甜甜的酸梅汤，老师还想与大家讲一讲芒种时节最有名的"煮梅"。在历史中，"煮梅"实在是一件风雅的事情，三国时的刘备和曹操"随至小亭，摆下酒席，盘置青梅，一樽煮酒"，两人对坐，谈论国事，开怀畅饮。

【延伸活动】

亲子购买食材制作酸梅汤。

大班活动 水稻的生长过程

【目标】

1. 了解水稻的生长过程，知道芒种是晚稻插秧的季节。

2. 懂得粮食的来之不易，自发践行光盘行动。

3. 能按顺序说出水稻各个生长时期的名称，并用绘画的方式表现出来。

【重点】

了解水稻的生长过程，知道芒种是晚稻插秧的季节。

【难点】

能按顺序说出水稻各个生长时期的名称，并用绘画的方式表现出来。

【准备】

水稻生长过程及袁隆平PPT课件、独木桥、垫子、木筐、山洞拱门、报纸球若干。

【过程】

1. 教师通过提问，引出水稻的主题。

教师：白花花的大米是怎么来的？

教师出示图片，引导幼儿认识水稻的外形特征。

2. 教师出示PPT，使幼儿了解芒种时节晚稻插秧。

教师："芒种插秧苗分家，天降甘露送它"。芒种至，麦黄梅熟，这是一年中农事最繁忙的季节，故又称"忙种"。

3. 幼儿观看水稻生长的视频，了解水稻各个生长时期的名称。

（1）幼儿观看视频，了解水稻的生长过程，分别是播种—幼苗—分蘖—拔节—孕穗—抽穗—扬花—乳熟—蜡熟—完熟。

（2）教师出示PPT，介绍袁隆平爷爷与杂交水稻。

教师：杂交水稻是简化了传统栽培方式，让稻谷产量明显提高的一项技术。从1976年开始，袁隆平爷爷的杂交水稻逐渐解决了中国人的吃饱饭问题。

（3）教师：请小朋友们用自己的话说一说水稻的生长过程。

4.幼儿用绘画的方式表现水稻的各个生长时期。

（1）幼儿分组合作，完成绘画水稻的生长过程。

（2）幼儿作品展示与欣赏。

5.幼儿进行游戏"稻谷丰收"，体验农事劳动的快乐。

幼儿分成人数相等的四队，站在"稻田"另一边的场地中，场地中间分别摆着四行障碍物。游戏开始，每队幼儿连贯地过"小桥"（独木桥）和"洼地"（坐垫），然后钻出"地洞"（山洞拱门）到达稻田，尽可能多地运送"稻谷"（报纸球），快跑回来将"稻谷"放在自己队伍的篮子里。接着第二队幼儿出发。如此往返，直至把稻谷全部收完。比一比哪队收的稻谷最多。

6.师幼共同进行活动总结。

【 区域活动 】

在科学区投放水稻的生长过程步骤卡。

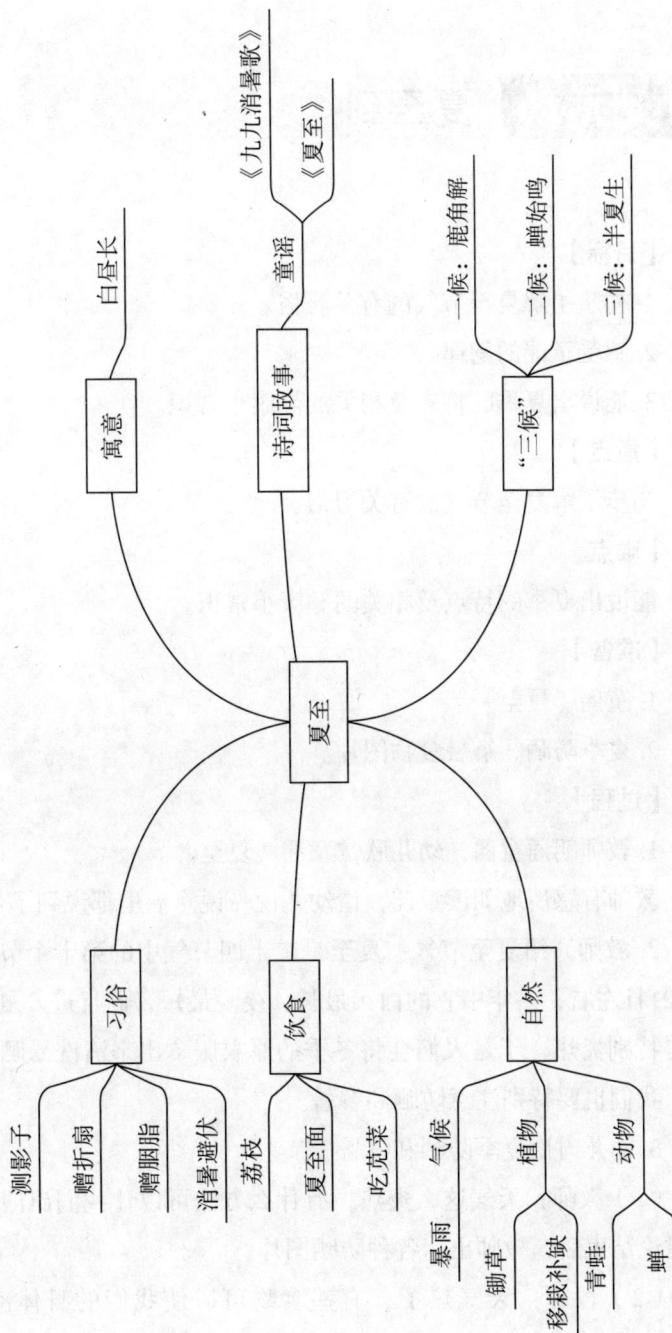

夏至

夏至
- 寓意 — 白昼长
- 诗词故事 — 童谣
  - 《九九消暑歌》
  - 《夏至》
- "三候"
  - 一候：鹿角解
  - 二候：蝉始鸣
  - 三候：半夏生
- 习俗
  - 测影子
  - 赠折扇
  - 赠脂胭
  - 消暑避伏
- 饮食
  - 荔枝
  - 夏至面
  - 吃苋菜
- 自然
  - 气候
    - 暴雨
  - 植物
    - 锄草
    - 移栽补缺
  - 动物
    - 青蛙
    - 蝉

小班活动　夏至到

【目标】

1. 初步了解夏至节气的有关习俗。

2. 感受童谣的韵律。

3. 能说出夏季的特点及相关的健康小常识。

【重点】

初步了解夏至节气的有关习俗。

【难点】

能说出夏季的特点及相关的健康小常识。

【准备】

1. 童谣《夏至》。

2. 夏季防晒、解暑食物图片。

【过程】

1. 教师朗诵童谣，幼儿欣赏童谣《夏至》。

教师有感情地朗读童谣，请幼儿说一说童谣里都说到了什么。

2. 教师介绍夏至节气：夏至是二十四节气中的第十个节气，夏至在每年的6月21日左右，一年中它的白天最长，夜晚最短，而且进入夏以后，天气就会变得特别炎热，于是人们会将冬季的厚衣服拿出来清洗暴晒，在这样炎热的夏季，我们也要特别注意防晒和解暑。

3. 幼儿讨论夏季防晒和解暑。

（1）教师：天气这么炎热，有什么方法可以让我们出门时凉爽一些呢？幼儿讨论结束后，教师出示各种防晒图片。

（2）教师：天气热了，有些食物可以使我们的身体凉快和舒服一些，我们一起来看看！教师出示夏季解暑食物，同时引导幼儿少喝饮料，多喝白开水。

4.师幼共同小结，活动结束。

师幼共同小结：大家都记住今天学习的防晒和解暑的方法了吗？回家后记得和爸爸妈妈一起分享。

【延伸活动】

幼儿在就餐前和散步时可以朗读童谣《夏至》。

请幼儿与家人分享防晒和解暑小常识。

附：童谣

夏至

知了，知了叫，

夏至，夏至到。

大树撑绿伞，

我戴凉草帽。

太阳老公公，

看着眯眯笑。

中班活动　和影子玩游戏

【目标】

1.认识夏至节气，知道一年中夏至白昼时间最长。

2.体验在阳光下游戏的乐趣，体会学习新知识的满足感。

3.探索影子变化的过程和方法。

【重点】

认识夏至节气，知道一年中夏至白昼时间最长。

【难点】

探索影子变化的过程和方法。

【准备】

1.《夏至》课件PPT、粉笔。

2. 在阳光灿烂的好天气进行此项活动。

【过程】

1. 教师通过《夏至》PPT，让幼儿了解夏至天气的特点。

夏至是二十四节气中的第十个节气，这一天，太阳直射北回归线，北半球的白天最长，夜晚最短。

2. 教师和幼儿一起玩影子游戏。

（1）影子变变变：在阳光下，幼儿自由探索影子的变化。

可以将幼儿分成两个小组，分别站在不同的地点探索影子的变化并开展讨论："我的影子可以变成什么造型？"讨论结束后，邀请两组小朋友进行分享。

教师：比比看，谁的影子最有趣。

（2）尝试让自己的影子消失。

教师引导幼儿探索让自己的影子消失的方法。

教师：你是怎样让自己的影子消失的？还有什么方法可以使自己的影子消失？

师幼共同小结：躲到阴影下，或蹲在小朋友的影子里，都可以让自己的影子消失。

（3）踩影子游戏。

教师介绍游戏玩法、规则，提醒幼儿注意安全。

玩法：两个小朋友为一组，互相踩影子。要动脑筋想办法既踩到小伙伴的影子，又不让小伙伴踩到自己的影子，教师强调玩游戏的时候要注意安全。

教师：你是怎样踩影子的？

教师：谁的影子没有被踩到？你是怎么做的？还有什么好办法来保护自己的影子？

3. 幼儿尝试画影子及让影子变换不同的造型。

（1）画影子。

玩法：两个小朋友为一组，一个小朋友做一个造型，另一个小朋友用粉笔把地上的影子画下来。两个小朋友可以交替进行，让每个小朋友都有完整的体验。

（2）影子造型。

玩法：教师出示提前准备好的图案，请幼儿分组用自己的影子搭建造型，比一比哪组搭得又快又好。

4.师幼共同放松身体，结束活动。

教师：今天我们了解了夏至的天气特点，在阳光下玩了影子游戏。但是我们也要注意，在炎热的夏天，不能总是在阳光下活动，要多补充水分，这样，我们的身体才会更健康。

【延伸活动】

请家长与幼儿一起探索影子更多的造型游戏。

大班活动　蝉的一生

【目标】

1.了解蝉一生的生长过程，知道蝉的大部分时间都是在地下度过。

2.感受蝉的生命历程之神奇，尊重生命，热爱大自然。

3.能用流畅的语言描述观察到的内容，能正确地说出蝉的各个生长时期的名称。

【重点】

了解蝉的一生，感受蝉的生命历程之神奇。

【难点】

说出蝉的各个生长时期的名称，用流畅的语言描述观察到的内容。

【准备】

1.蝉的生长历程视频、蝉的一生PPT。

2.蝉的卵、幼虫、成虫的图片。

【过程】

1.幼儿猜谜语，引出主题。

教师：说鸟不是鸟，躲在树上叫，自称啥都知，其实全不晓。（打一种夏

天特有的昆虫）猜猜是什么呢？（谜底：蝉）

2.幼儿观看视频和PPT了解蝉的一生。

（1）幼儿观看视频，了解蝉的生长变化过程。

蝉的卵产在树上，到第二年春夏，蝉卵才孵化出幼虫来。刚孵出的幼虫顺着树干爬到地上或掉落地面，然后找松土钻入地下，幼虫在地下靠刺吸式口器汲取树根的汁液。幼虫长大后爬出地面，脱去外壳，等翅膀变硬，雄蝉就在树枝上高唱"知了"，与雌蝉交配。蝉交配产卵后不久就会死去。

（2）幼儿观看PPT，了解蝉神奇的生命历程。

①生在半空：蝉的幼虫出生时在树上，它非常小，能够存活下来的也很少。

②树枝掉下：一部分是顺着树干自己爬到地上的；还有一部分是树干枯萎，风刮雨淋脱落的。

③地下隐忍：蝉的一生大部分时间是在地下度过的，经过几年的成长，才能获得从泥土里钻出来半个月的时间。生在地下的物种有很多，如蚯蚓。它们离开泥土的时候，大多数被晒干或者被别的物种吃掉了。而蝉则不同，它们在泥土里找到树根，利用自己的刺吸器官吸食树根里的汁液存活，慢慢地长大。

④破土而出：在雨天或者雨天后，蝉把泥土扒开，慢慢地从泥土里钻出来。

⑤破壳而出：慢慢地把壳裂开，从壳里面钻出来，翅膀变硬开始飞翔，用腹部鸣叫。

3.请幼儿将蝉的卵、幼虫、成虫的图片进行排序，并用自己的语言说说蝉在这个时期生活在哪里、有哪些特点等。

4.引导幼儿进行简单小结，教师提出新的问题：

（1）引导幼儿对蝉的生长过程进行梳理小结。

（2）蝉是用嘴巴来鸣叫的吗？所有的蝉都会鸣叫吗？

【延伸活动】

亲子查找资料，了解关于蝉的鸣叫部位和辨别雌雄蝉的方法。

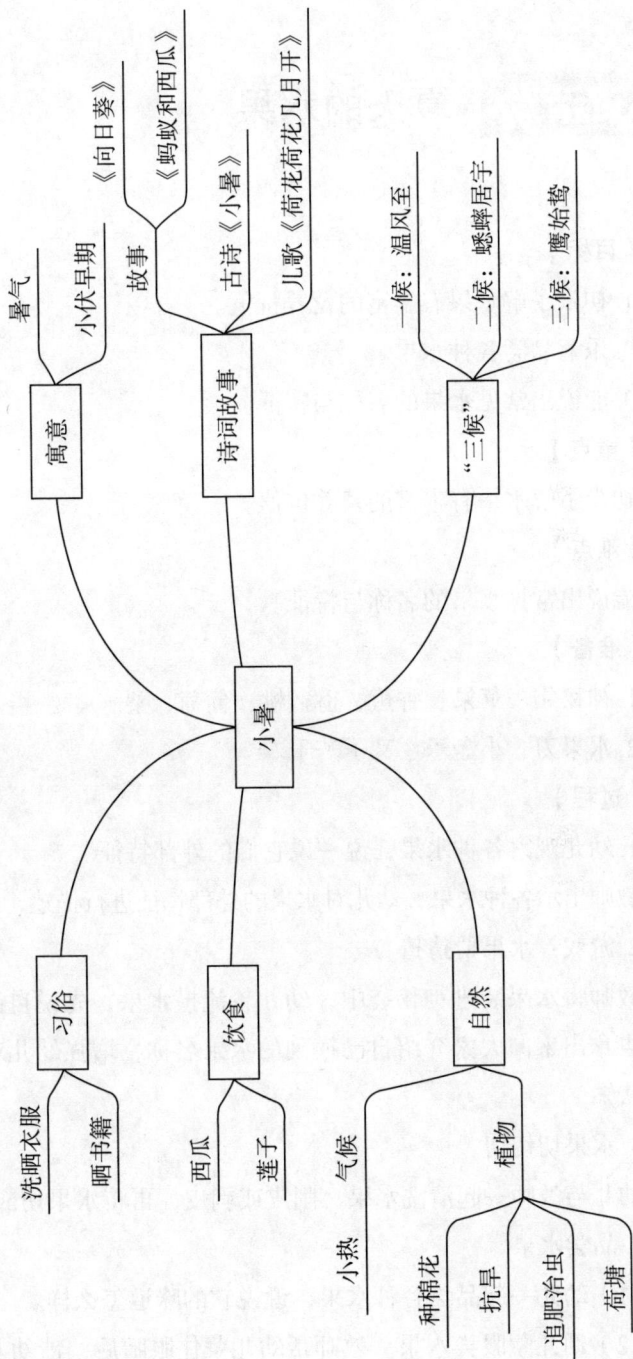

小暑

寓意
暑气
小伏早期

诗词故事
故事《蚂蚁和西瓜》
《向日葵》
古诗《小暑》
儿歌《荷花荷花几月开》

"三候"
一候：温风至
二候：蟋蟀居宇
三候：鹰始鸷

小暑

习俗
洗晒衣服
晒书籍

饮食
西瓜
莲子

自然
气候
小热
植物
种棉花
抗旱
追肥治虫
荷塘

小班活动 夏天的水果

【目标】

1. 初步了解水果有丰富的营养价值。

2. 乐意品尝各种水果。

3. 能说出常见水果的名称与特征。

【重点】

初步了解水果有丰富的营养价值。

【难点】

能说出常见水果的名称与特征。

【准备】

1. 神秘袋、苹果、香蕉、猕猴桃、葡萄、梨。

2. 水果刀、小盘子、叉子若干。

【过程】

1. 幼儿观察各种水果，说一说它们的外部特征。

教师出示各种水果，幼儿对水果的外部特征进行描述，轮流介绍水果名称。

2. 游戏：水果猜猜猜。

教师将水果装进神秘袋中，幼儿轮流摸水果，先说自己摸到了什么样的水果，再拿出来向大家介绍自己摸到的水果名称，增强幼儿对水果外部特征与名称的认知。

3. 水果切切切。

幼儿与教师一起清洗水果、削皮或剥皮，再将水果切成小块。

4. 品尝水果。

（1）幼儿一起品尝各种水果，说说它的味道怎么样。

（2）幼儿蒙眼尝水果。教师帮幼儿蒙住眼睛后，请幼儿品尝水果，说一说自己吃到的是什么水果。

5. 活动结束，教师进行小结：除了我们今天看到的水果外，还有很多不同的水果。水果含有丰富的维生素，能供给我们身体需要的营养，我们每天都应该吃一些水果。

【区域活动】

在活动区提供模拟切水果操作材料，供幼儿练习手部精细动作。

【延伸活动】

亲子自制水果拼盘。

中班活动 《荷花荷花几月开》

【目标】

1. 知道荷花开放后花瓣和花蕊的颜色。

2. 感受大自然的美，体验游戏的乐趣。

3. 能够在固定范围内进行四散追逐跑。

【重点】

知道荷花开放后花瓣和花蕊的颜色。

【难点】

能够在固定范围内进行四散追逐跑。

【准备】

1. 经验准备：幼儿已经学会儿歌《荷花荷花几月开》。

2. 物质准备：儿歌《荷花荷花几月开》、荷花头饰若干。

【过程】

1. 教师与幼儿实地观察荷花，引起幼儿的兴趣。

（1）教师带领幼儿到幼儿园水塘观察荷花。

（2）教师：开放了的荷花长什么样？

师幼共同小结：荷花的花瓣是粉红色的，中间的花蕊是黄色的。每年的6月，荷花就会陆续地开放。

2.教师介绍体能活动"荷花荷花几月开"游戏规则并组织幼儿开展游戏。

（1）教师：老师想起一个关于荷花的游戏，你们还记得《荷花荷花几月开》这首儿歌吗？跟着老师一边唱，一边做自己喜欢的动作。

（2）教师带领幼儿热身。

（3）教师拿出荷花头饰并介绍游戏玩法：幼儿围成一个大圆圈，一名幼儿戴荷花头饰蹲在圈内扮演荷花，圈上的幼儿边念儿歌边围着荷花走，当念到"六月荷花朵朵开"时，在足球场范围内，圈上的幼儿手上做着开花的动作并四散跑开，扮演荷花的幼儿去追，抓到后互换角色，重新开始游戏。

（4）教师戴上荷花头饰进行示范。

（5）请教师抓到的幼儿扮演荷花继续游戏，教师提醒幼儿不能跑出足球场和变换追逐的对象。

（6）幼儿熟悉游戏后，增加扮演荷花的幼儿数量。

3.活动结束，教师带领幼儿进行放松运动。

教师组织幼儿放松并收拾头饰回到活动室。

【延伸活动】

开展与荷花相关的美术活动。

附：儿歌

荷花荷花几月开

荷花荷花几月开？一月不开。

荷花荷花几月开？二月不开。

荷花荷花几月开？三月不开。

荷花荷花几月开？四月不开。

荷花荷花几月开？五月不开。

荷花荷花几月开？六月荷花朵朵开。

大班活动 洗晒节——晒书包

【目标】

1.了解小暑节气洗晒节的习俗，知道小暑"晒伏"是为了去潮湿、防霉防蛀。

2.培养幼儿正确的劳动观，体验自我服务的满足感。

3.能用搓、揉、刷等方式洗净、晾干自己的书包。

【重点】

了解小暑节气洗晒节的习俗，知道小暑"晒伏"是为了去潮湿、防霉防蛀。

【难点】

能用搓、揉、刷等方式洗净、晾干自己的书包。

【准备】

洗衣液、脸盆、废旧牙刷若干、小暑习俗视频。

【过程】

1.师幼谈话活动，引出洗晒节的主题。

教师：小暑节气有"晒伏"的习俗。"晒伏"就是把衣物、书籍等晾到外面接受阳光的暴晒。以前的人常说："六月六，人晒衣裳龙晒袍。"因为这一天，差不多是在小暑的前夕，是一年中气温最高、日照时间最长、阳光辐射最强的日子，所以家家户户都会不约而同地选择这一天"晒伏"。

2.教师出示洗衣液、脸盆、书包等材料，幼儿学习洗书包。

（1）教师：我们的书包天天都要用，学会洗书包，保持书包的干净整洁是我们应该做的事情。

（2）教师示范如何清洗书包。

① 先做准备工作，仔细翻看书包，检查里面还有没有东西。

② 在脸盆里倒入清水、适量的洗衣液，然后轻轻搅动脸盆里的水，让洗衣液和清水充分融合。

③ 把书包放进脸盆，用手轻轻搓洗书包。

④ 对于很难清洗干净的地方（书包的褶皱部位），用牙刷蘸一点洗衣液刷洗。

⑤ 书包的里外都清洗干净后，把脏的水倒掉，接一盆干净的水将泡沫漂洗干净。

（3）请幼儿用自己的话复述清洗书包的步骤。

（4）教师分发脸盆和洗衣液，幼儿尝试清洗书包。教师巡回指导，提醒幼儿在洗的时候不要过于用力，以免激起水花弄湿衣服。

3.幼儿晾晒洗好的书包，知道晾晒物品的时间与方法。

（1）教师提问：什么时候最适合晾晒物品？

（2）师幼共同小结：早晚天气凉、湿气大，不宜晾晒，（出示时钟）最佳时间是中午11：00 —14：00，时长控制在2～3小时。晒书包的时候要注意将书包翻面。

（3）教师带领幼儿上天台，倒扣书包在晾衣架上沥干水分，晒干。

4.幼儿观看视频，加深对民间小暑节气晾晒习俗的印象。

（1）教师播放视频，幼儿观看了解民间洗晒习俗。

（2）师幼共同小结：每当六月六这一天，如果恰逢晴天，皇宫内的全部銮驾都要摆出来暴晒，皇史、宫内的档案、实录、御制文集等也要摆在庭院中通风晾晒。除了皇宫要拿东西出来晒之外，寺庙里也要拿经书出来晒，俗称"晒经"。

【延伸活动】

请幼儿与爸爸妈妈在家晒秋冬的衣服、被子和书。

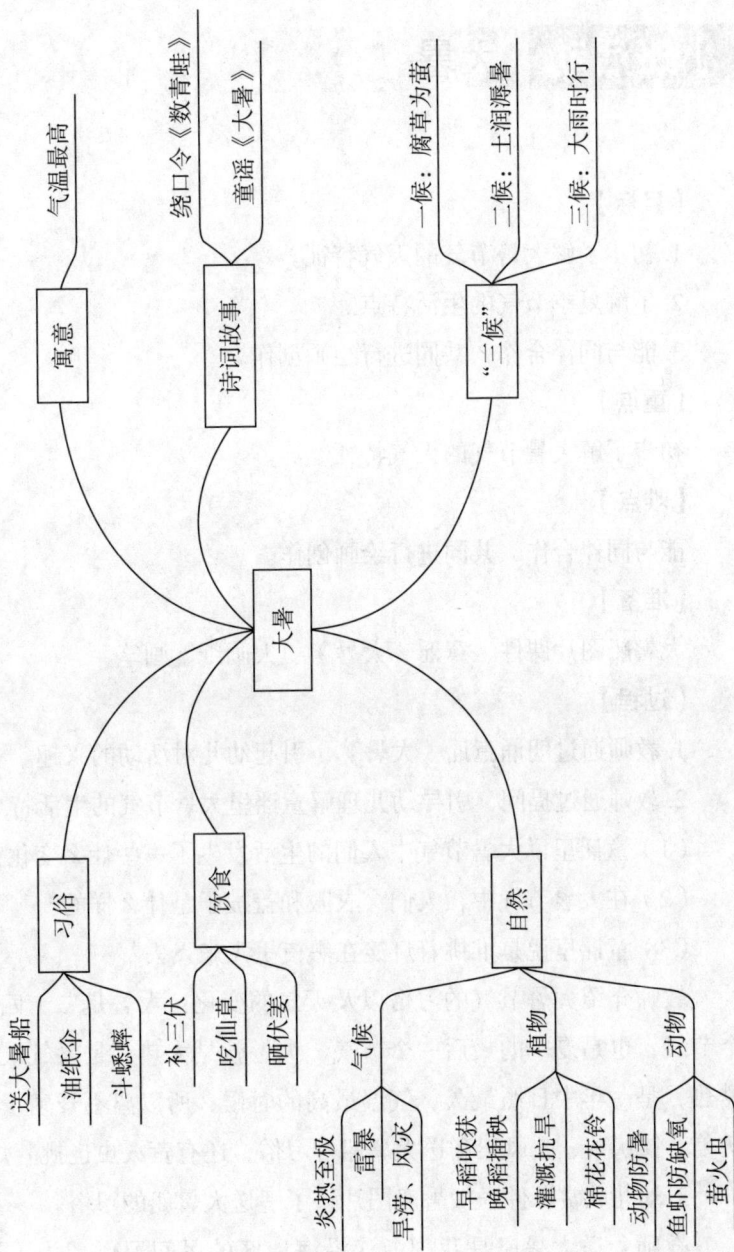

大暑

寓意
　气温最高

诗词故事
　绕口令《数青蛙》
　童谣《大暑》

"三候"
　一候：腐草为萤
　二候：土润溽暑
　三候：大雨时行

习俗
　送大暑船
　油纸伞
　斗蟋蟀

饮食
　补三伏
　吃仙草
　晒伏姜

自然
　气候
　　炎热至极
　　雷暴
　　旱涝、风灾
　植物
　　早稻收获
　　晚稻插秧
　　灌溉抗旱
　　棉花花铃
　　动物防暑
　动物
　　鱼虾防缺氧
　　萤火虫

| 小班活动 | 大暑 |

【目标】

1. 初步了解大暑节气的天气特征。

2. 了解夏季节气的生活特点。

3. 能与同伴合作，共同进行绘画创作。

【重点】

初步了解大暑节气的天气特征。

【难点】

能与同伴合作，共同进行绘画创作。

【准备】

大暑船图片课件、童谣《大暑》、大画纸、画笔。

【过程】

1. 教师通过朗诵童谣《大暑》，引起幼儿对活动的兴趣。

2. 教师通过提问，引导幼儿理解童谣里大暑节气的生活特点。

（1）童谣里说大暑节气中人们的生活发生了一些什么变化？

（2）在大暑节气中，人们穿衣服和盖被子是什么样的？

（3）童谣里说是谁挑着灯笼在黑夜里飞来飞去？

教师介绍大暑节气的习俗以及天气的变化：大暑是二十四节气中的第十二个节气，也是夏季的最后一个节气。大暑就是大热，是暑气最热的时候，高温酷热，是一年中日照最久、气温最高的时候，所以离不开扇子；大暑节气有晒伏姜、饮伏茶、吃凤梨和送大暑船等习俗，还有萤火虫也挑着灯笼出来了。

3. 幼儿欣赏课件送大暑船图片，了解送大暑船的习俗。

教师：送大暑船是我国浙江沿海地区的民间习俗，为了祈求出海捕鱼平安，人们准备好大暑船，在船上装着鸡、鸭、鱼等食品，以及桌、椅、床等生活用品，借助潮水的力量让大暑船顺水而下，越漂越远，也带走人们美好的祝愿。

4.师幼共同创作大暑船。

教师出示大画纸，师生共同构图大暑船，由幼儿在船上添画各种食品与生活用品。

5.师幼共同小结：今天我们一起了解了夏季的最后一个节气——大暑，一起画了大暑船，等下次大雷雨时，让雨水帮我们把大暑船带走吧！

【延伸活动】

在就餐前和散步时间可以朗读童谣《大暑》。

附：童谣

大暑

大暑大暑热得慌，黑夜短来白天长。

长裤长袄穿不上，毯子被子赶下床。

谁家扇子摇头晃，谁挑灯笼夜夜忙。

谁来送走大暑船，哪里凤梨黄又香。

中班活动 大暑饮伏茶

【目标】

1.知道饮伏茶是大暑节气的民间习俗，了解伏茶对人身体的益处。

2.体验制作和分享伏茶的快乐。

3.能够说出伏茶的制作方法。

【重点】

能够说出伏茶的制作方法。

【难点】

体验制作和分享伏茶的快乐。

【准备】

1.幼儿提前调查自己家乡伏茶的制作方法。

2.金银花、荷叶、竹叶青、麦冬、夏枯草、菊花、甘草等。

3.小杯子若干、煮茶工具。

【过程】

1.幼儿向大家展示自己的调查问卷，介绍家乡伏茶的配方和制作方法。

2.教师依次向幼儿展示制作伏茶的材料。

（1）幼儿认识金银花、荷叶、竹叶青、麦冬、夏枯草、菊花、甘草等。

（2）游戏配对：教师说出一种材料，幼儿指出相应的物品。

3.教师引导幼儿制作自己家乡的伏茶。

（1）教师根据幼儿调查问卷上的配方，请幼儿分成三组抓取相应的材料。

（2）将配好的伏茶分别放入锅中煮。

4.幼儿品尝伏茶。

（1）教师将煮好的伏茶盛在小杯子里，幼儿自由品尝。

（2）请幼儿说一说伏茶的味道，投票评选出最受欢迎的一种伏茶。

5.教师引导幼儿分享伏茶，活动结束。

请幼儿把伏茶端给幼儿园里的保安叔叔、门卫叔叔分享，并告诉他们伏茶的功效。

【延伸活动】

请家长带领幼儿在家体验饮伏茶或广东凉茶。

大班活动　夏日的星空

【目标】

1.观察夏日的星空，了解北斗七星和北极星。

2.感受夏日夜空的神秘、浩瀚之美。

3.能将自己观察到的星空用想象和绘画的方式表现出来。

【重点】

观察夏日的星空，了解北斗七星和北极星。

【难点】

能将自己观察到的星空用想象和绘画的方式表现出来。

【准备】

1. 经验准备：亲子观察夏日星空的北斗七星和北极星。

2. 物质准备：

（1）夜空视频、北斗七星和北极星的PPT。

（2）纸、水彩笔。

【过程】

1. 幼儿观看夜空的视频，感受星空的神秘、浩瀚之美。

（1）观看夜空的视频，说说自己看到的景象。

（2）根据自己的已有经验说说关于星空的内容。

2. 幼儿观看北斗七星和北极星的PPT，了解夏日星空的神奇景象。

PPT简介：在夏季到来后，由于北半球的人们面对的是银河系中心的位置，因此在夏季夜空明净的夜晚，北半球的人们可以看到银河横亘在天空中。天黑后，漆黑的夜空只有一颗亮星，那就是北极星。北极星是我们晚上辨认方向的最佳记号，它在北方。在它的左边不远处可以看到组成勺子的7颗星星，因为古人把勺称为斗，所以这7颗星叫作北斗七星，北斗七星属于大熊星座。

3. 幼儿说一说、画一画自己想象的夏季的夜空。

（1）幼儿说一说自己看到的夏季夜空里有什么景象。

（2）画一画自己想象或者观察过的夜空。

（3）教师进行观察和个别指导。

4. 幼儿讲述自己的作品。

幼儿根据自己画出来的"夏日的星空"作品，进行简单的讲述分享。

5. 师幼对活动创意表达进行简单小结。

【延伸活动】

请幼儿与爸爸妈妈一起探索更多关于星空的奥秘。

秋季节气

一、秋季节气活动特点

秋天到，秋蝉叫，在秋季有立秋、处暑、白露、秋分、寒露、霜降六个节气，是一年硕果累累之时，瓜果逐渐进入成熟阶段，天气悄悄地变凉了，植物开始慢慢地结籽儿了，农作物已日渐成熟，动物也开始忙碌地储存食物，人们也开始了收获的忙碌，一切都在蓬勃旺盛地变化着……

幼儿通过立秋晒秋、贴秋膘，处暑摘种子、吃果子、打水仗，白露品白露茶，秋分踏秋、吃柚子、观察星空，寒露赏菊，霜降赏枫叶、品柿子、制霜等活动，了解秋季节气，感受秋季传统节气的文化魅力。

在秋季，幼儿还能通过中秋节、重阳节、国庆节等中国的传统节日，感受节日的意义及气氛，激发幼儿敬老、爱老，热爱祖国的情感。

二、主题目标

（一）小班主题目标

1. 健康

（1）不挑食，不偏食，懂得吃五谷杂粮有益身体健康。

（2）掌握正确的洗手方法。

（3）在有情绪反应时，能在成人的安抚下逐渐平静下来。

（4）能进行远足1公里左右的徒步活动（途中可适当停歇）。

（5）通过涂涂画画，锻炼幼儿的手部肌肉能力。

2. 语言

（1）愿意欣赏并能够口齿清楚地说简单的秋季农事、儿歌、古诗。

（2）喜欢用简单的词汇表达自己对秋季节气的感受。

（3）能在成人的提醒下，使用基本的礼貌用语与人打招呼。

（4）能积极运用眼睛去观察事物，并说出其中的关键信息。

（5）会看秋季节气的绘本画面，能用简单的词语描述绘本内容。

3. 社会

（1）愿意参加升旗仪式活动，认识国旗。

（2）在他人讲话时能注意倾听，不随意打断。

（3）喜欢上幼儿园，愿意和小朋友一起进行秋季实践游戏活动。

（4）愿意与熟悉的长辈一起参加秋季节气、节日集体活动。

（5）认识秋季食品，并尝试与父母共同制作。

4. 科学

（1）认识常见的秋季动植物，能注意它们的生长变化。

（2）感知和体验秋天凉爽的天气特点。

（3）了解秋天常见花卉的名称、外形、颜色以及月亮的变化。

（4）喜欢接触大自然，对秋季节气的很多事物和现象感兴趣。

（5）喜欢提问，有强烈的好奇心和探索欲望。

5. 艺术

（1）初步学习画笔、剪刀、胶水等材料和工具的正确使用方法。

（2）初步了解三原色，进行简单涂色，并乐在其中。

（3）能进行秋季花卉创作以及简单的粘粘贴贴，并乐在其中。

（4）根据音乐模仿动物的有趣动作、表情和声调。

（二）中班主题目标

1. 健康

（1）能通过图片、口令等方式进行队列变化。

（2）认识台风预警标志，懂得基本的安全知识。

（3）在活动中能保持愉快的情绪，在不高兴时能较快缓解。

（4）能以匍匐、膝盖悬空等方式进行钻爬，提高协调性。

（5）在茶艺活动结束后，能够按照步骤整理茶具。

2. 语言

（1）在阅读绘本时能理解故事情节，掌握角色的名称。

（2）能根据故事、绘本的情境感受到不同语气、语调所表达的不同意思。

（3）感受诗中描绘的画面，乐意学习古诗。

（4）能随绘本、故事情节的展开，产生喜悦、担忧等相应的情绪反应，体会绘本所表达的情绪情感。

（5）喜欢将听过的故事或看过的绘本讲给同伴听。

（6）在成人的提醒下，注意写、画时的姿势正确。

3. 社会

（1）知道自己是中国人，能熟练唱国歌。

（2）喜欢和小朋友一起制作节气美食，敢于尝试，并懂得节约粮食。

（3）愿意主动参加群体活动，与同伴共同筑建蓄水池。

（4）在活动中，能够自己的事情自己做，不依赖别人。

（5）能用礼貌的方式向长辈表达敬意。

（6）感受故事中表现的中华传统美德，做个尊重、爱护长辈的孩子。

4. 科学

（1）能动手动脑探索不同温度计的用途，通过测量，比较温度的高低。

（2）通过认识水的三态等活动，感知和发现简单的物理现象。

（3）能根据实验结果提出问题，并大胆猜测答案。

（4）在活动中，能对事物或现象进行观察比较并有所发现。

（5）能发现秋季节气的特点，感知节气对动植物和人的影响。

（6）对生活中的自然现象感兴趣，有强烈的探知欲。

5. 艺术

（1）通过使用不同种类的材料，学习拼图、粘贴、添画等技能。

（2）通过手工制作活动，养成做事专注、认真、仔细、耐心的良好品质。

（3）通过剪、卷、贴制作手工作品，表现秋天的美。

（4）喜欢唱唱跳跳，愿意参加歌唱活动。

（5）能用自然的、音量适中的声音基本准确地演唱歌曲。

（6）欣赏古诗吟唱，体会古诗中表达的情感。

（7）喜欢自然界与生活中美的事物。

（三）大班主题目标

1. 健康

（1）认识各种五谷杂粮，知道五谷杂粮含有丰富的营养，有益于人的身体健康。

（2）通过品尝、制作节气美食，养成健康饮食的习惯。

（3）了解五禽戏的动作方法和特点，发展动作的协调性和灵活性。

（4）能在较热的户外环境中进行打水仗游戏，以增进亲子之间的情感体验。

（5）通过搭建水渠管道活动，增强幼儿的安全意识和自我保护能力。

（6）认识秋季台风天气带来的自然灾害，知道一些基本的防灾知识。

2. 语言

（1）学习猜灯谜和创编灯谜的方法，并乐在其中。

（2）通过尊老敬老活动，养成与长辈礼貌交流的语言习惯。

（3）能有序地、连贯地、清楚地朗诵古诗词，理解古诗内容，体验朗诵和吟唱的乐趣。

（4）能用自己的话描述绘本故事的主要内容，并根据内容创编、表演故事。

3. 社会

（1）爱祖国，为自己是中国人感到自豪。

（2）通过重阳敬老的传统节日，学会关心、尊重长辈。

（3）在成人的引导下，体验农事活动的乐趣。

（4）在搭建过程中，能认真负责地完成自己所接受的任务。

（5）通过制作美食以及进行搭建等活动，与同伴协商制定游戏和活动规则。

4. 科学

（1）探究种子的传播方式，了解种子与自然界的联系。

（2）通过实验，了解露珠和霜的形成。

（3）学习使用温度计测量并记录气温变化。

（4）喜欢参与科学探究活动，自主探索搭建引水装置的多种方法。

（5）在成人的帮助下，能制作简单的果实生长记录表。

（6）能用数字、图画、图表或其他符号进行记录、统计菊花的种类。

5. 艺术

（1）通过看折纸步骤图，进行折纸活动。

（2）愿意和别人分享、交流自己创作的艺术作品。

（3）乐于收集并利用自然材料和多种工具创作树叶标本、松果等手工作品。

（4）能用自己制作的手工作品布置环境、美化生活。

（5）能为故事表演选择和搭配简单的服饰、道具或布景。

（6）通过各种音乐活动，能用律动或简单的舞蹈动作表现艺术美。

三、活动内容、亲子活动和环境创设

节气	年级	活动内容	亲子活动	环境创设
立秋	小班	1. 立秋——晒秋。 2. 拾叶记	1. 请家长与幼儿共同收集各种粮食种子、树叶标本、莲花的图片、绘本等。 2. 在家进行简单的晒秋家务劳动	1. 墙饰：主题"美丽之秋"、有关秋季果实和种子图片以及幼儿记录活动过程的照片。张贴幼儿自制的"创意秋叶贴画"，以及幼儿在小区、公园捡拾落叶的照片。呈现各种温度计的图片及简单的介绍。 2. 节气桌：陈列八宝材料及立秋常见瓜果，摆放立秋节气的农作物。投放捡拾的落叶，插一束莲花。 3.区域材料： 生活区：提供电饭锅、八宝粥材料、莲子等让幼儿学习搭配食材制作美食；投放一些进行切、刨、削的工具以及新鲜蔬果供幼儿进行实践活动。 科学文化区：投放温度计、记录表、统计表、玻璃容器等，供幼儿进行温度的测量。投放秋天果实的图文配对工作。投放一些树叶标本、放大镜供幼儿观察
	中班	1. 贴秋膘。 2. 创意秋叶贴画。 3. 秋老虎	1. 请家长带领幼儿一同去菜市场采购食材，了解菜市场的食材区域划分，学习择菜、洗菜、切菜。 2. 请家长引导幼儿认识温度计，初步了解温度计的用途。 3. 发动家长与幼儿利用秋游、爬山、散步等活动，采集与捡拾各种大小不一、形状和颜色各异的树叶若干	
	大班	1. 营养八宝粥。 2. 秋天的果实记录。 3. 制作莲子银耳羹	1.请家长与幼儿一起制作立秋养生美食，如煮八宝粥、莲子银耳羹等。 2. 请家长带幼儿去户外实践观察秋季的果实，并用图文并茂的方式记录果实的生长情况。 3. 亲子共同记录晚上的温度	

续 表

节气	年级	活动内容	亲子活动	环境创设
处暑	小班	1. 处暑——踩水。 2. 美味的种子	秋老虎来了，家长可带幼儿一起去浅水区体验嬉水消暑的游戏活动	1. 墙饰：布置处暑节气田野的场景，将幼儿制作的稻草人、创意树枝造型装饰进来，展示处暑节气常见的植物及它们的种子。把搭建水渠管道和亲子收割水稻的活动以学习故事的形式展示在主题墙上。 2. 节气桌：设置稻草人守护农田的场景，并陈设稻穗、棉花、棉絮以及各种水果和食物的种子，插一束该节气盛开的紫薇花。 3. 区域材料： 科学区：投放植物的种子展示瓶、种子认知盒；不同造型的蓄水池图片；紫薇花三步卡、配对操作单。 沙池区：投放搭建水渠的废旧材料。 美工区：投放稻草人、剪刀、双面胶、半成品衣服、裤子、裙子、各类纸、装饰彩片若干、装饰材料、按比例剪裁好的布、棉花、幼儿安全用剪刀、订书机、针线、稻草和各种种子材料；提供幼儿制作手工以及紫薇花轮廓图形操作单
	中班	1. 稻草人的新衣。 2. 筑建蓄水池。 3. 紫薇花开	1. 可以亲子参与一些秋收的活动，并在活动的过程中对一些种子进行观察发现。 2. 请家长带领幼儿去农田收集稻草，并尝试和幼儿在家中制作稻草人。 3. 请家长带领幼儿去田间观察农民劳动的情景。 4. 亲子收集棉花制品，并尝试进行制作。 5. 和爸爸妈妈一起去沙滩修筑各种各样的蓄水池	
	大班	1. 搭建水渠管道。 2. 亲子收割水稻。 3. 扎稻草人	1. 请家长与幼儿一同准备打水仗的装备。 2. 请家长与幼儿共同收集各种秋季植物种子与图片，并阅读相关图书。 3. 周末家委会组织亲子到农庄参加收割稻谷的社会实践活动	
白露	小班	1. 白露——茶。 2. 采集露珠。 3. 桂花飘香	1. 请家长尝试在家与孩子一起品白露茶。 2. 请家长和孩子一起收集桂花，在家尝试制作桂花汤圆	1. 墙饰：主题"仲秋·白露"，将幼儿泡白露茶的步骤、品茶的礼仪、各种茶叶粘贴画、自制茶染布、不同茶叶泡出来的茶汤照片以及亲子观察露珠的调查表展示在墙面上。

节气	年级	活动内容	亲子活动	环境创设
白露	中班	1. 白露茶艺。 2. 制作桂花香囊。 3. 绘本欣赏《大雁的故事》	1. 请家长和孩子烹茶、品茶，整理茶具，感受茶艺的魅力。 2. 爸爸妈妈抽时间和孩子一同去公园、小区捡拾掉落的桂花。 3. 请家长与幼儿一起利用柚子皮制作手工作品	2. 节气桌：摆放茶具、柚子、桂花、白露茶叶、棉花，并陈列桂花美食。 3. 区域材料： 阅读区：投放与露珠有关的绘本《大雁的故事》供幼儿阅读。 生活区：将桂花收集起来，供幼儿制作自己的桂花美食。 美工区：投放棉花、桂花、针线等材料和工具，制作棉花和桂花制品。 茶艺区：摆放茶具、茶叶
	大班	1. 品白露茶。 2. 清甜桂花糕	1. 请家长和幼儿一起制作与白露节气相关的饮食，如桂花糕、泡白露茶等。 2. 请家长与幼儿清晨去户外观察露珠	
秋分	小班	1. 秋分——月亮谣。 2. 大柚子	1. 亲子户外捡拾松果，自由进行艺术创作。 2. 定时观察月亮的周期变化，感受月亮的阴晴圆缺。 3. 如果有机会，家长可以带幼儿去欣赏各种各样的花灯	1. 墙饰：主题墙上装饰幼儿使用不同材料制作而成的月饼、灯笼等；秋分的养生知识图片，如五禽戏。展示柚子的结构图片。 2. 节气桌：摆放各种松果以及与松果有关的绘本、造型、场景等。摆放秋分节气的水果、食材和植物等，布置粘贴秋分字卡和习俗图片。 3. 区域材料： 美工区：投放制作灯笼的彩纸、剪刀、胶水等相关工具以及装饰材料；松果、超轻黏土、卡纸、皱纹纸、水粉颜料、油画棒、水彩笔。
	中班	1. 制作灯笼。 2. 松果变变变	1. 请家长与幼儿一起探索制作灯笼的其他方法，并尝试进行制作与装饰。 2. 请家长带幼儿去户外收集秋季的树叶、松果以及枯枝等，并尝试与家长一起进行故事中的场景布置。 3. 请家长与幼儿共同做好生活垃圾的分类投放并坚持下去	

续 表

节气	年级	活动内容	亲子活动	环境创设
秋分	大班	1. 亲子美食：蜜饯柚子皮。 2. 星空投影实验	1. 请家长与幼儿一起收集柚子皮、松果。 2. 请家长与幼儿一起观察秋季星空，感受星空的浩瀚，探索星空的奥秘	科学区：投放各种动物拼图以及动物转盘；手电筒、投影仪、记录本和笔，引导幼儿深入探索光与影的关系，并用自己的方式记录下来。投放月亮的圆缺周期变化图以及各种动物的图片，投放秋季水果大小配对卡以及完整和部分的配对卡
寒露	小班	1. 寒露童谣里的秘密。 2. 菊花茶	1. 此时正是赏菊的大好时节，家长可以带幼儿去户外观赏各种品类的菊花。 2. 和爸爸妈妈一起种植应季的蔬菜，并观察记录蔬菜生长的过程	1. 墙饰：主题"寒露至"，展示以大雁南飞为主题的作品，展示菊花照片与文字介绍，亲子制作菊花枕的过程和作品照片。展示幼儿制作的菊花，幼儿写生画莲藕、莲藕印画以及凉拌莲藕的相关活动照片。 2. 节气桌：在台面上摆放寒露节气的水果、食材、植物及一些摆件，布置粘贴寒露字卡和习俗图片。摆放菊花盆栽，挂上幼儿制作的菊花作品。 3. 区域材料： 生活区：盆栽菊花投放到生活区，进行养殖并记录。提供简易茶具进行烹茶。 科学文化区：投放祖国各地的美丽风景图片，供幼儿认识与欣赏。 美工区：投放菊花、针线、卡纸、剪刀、竹竿、胶水等材料和工具，供幼儿制作。投放切块的莲藕、水粉颜料，供幼儿进行莲藕印画
	中班	1. 秋菊。 2. 大雁南飞	1. 请家长带幼儿去公园赏菊花。 2. 家长周末可带幼儿去公园划船，感受划船通过水面荡起的水纹。 3. 请家长与幼儿共同观察莲蓬的特征，制作并品尝相关食品	
	大班	1. 菊花的名片。 2. 古诗《池上》。 3. 绘本《11只灰雁往南飞》	1. 请家长与幼儿一同去户外观赏各种种类的菊花，并用照片、图画或其他符号进行记录。 2. 请家长与幼儿共同阅读关于大雁南飞的故事绘本	

节气	年级	活动内容	亲子活动	环境创设
霜降	小班	1.霜降玩冰。 2.美丽的木芙蓉	柿子熟了，和爸爸妈妈一起去超市或者市场购买柿子，品尝柿子吧	1.墙饰：创意树枝作品装饰主题墙，把幼儿制作柿饼的过程拍照记录写成学习故事，幼儿制作的有关柿子手工作品展示在主题墙上。关于霜降节气探索的活动照片展示；美丽的木芙蓉，用轻黏土装饰的枯枝装扮教室；霜降习俗的图片及字卡展示。 2.节气桌：布置粘贴霜降字卡和习俗图片。摆放关于霜降节气的水果、食材、植物及一些摆件。 3.区域材料： 美工区：不同品种的柿子图片；轻黏土、卡纸、皱纹纸、剪刀、胶水、吸管、水彩笔、蜡笔等，提供拓印树叶的工具，带幼儿收集枫叶、枯枝等；提供各种画有霜降节气的花朵、果实、动物的轮廓图形的画纸。 科学区：霜花形成实验用具：玻璃杯、适量食盐、筷子、冰块投放冰冻与融化的实验工具等
	中班	1.霜降——拔萝卜。 2.古诗《山行》。 3.柿子贴画	1.请家长和幼儿一起讨论与柿子有关的食物有哪些，并尝试与家长一起制作柿饼。 2.有条件的幼儿可以与家长一起观赏秋天枫林的壮丽景色。 3.与家人一起制作有关萝卜的美食，并进行品尝	
	大班	1.创意树枝。 2.香甜的柿饼。 3.时行霜花实验	1.请家长与幼儿在家品尝柿子。 2.请家长和幼儿一起准备故事表演的服装与道具，与幼儿在家合作表演故事《拔萝卜》，并用视频记录下来进行分享。 3.请家长在家与幼儿共同进行霜花实验，并拍照记录实验过程	

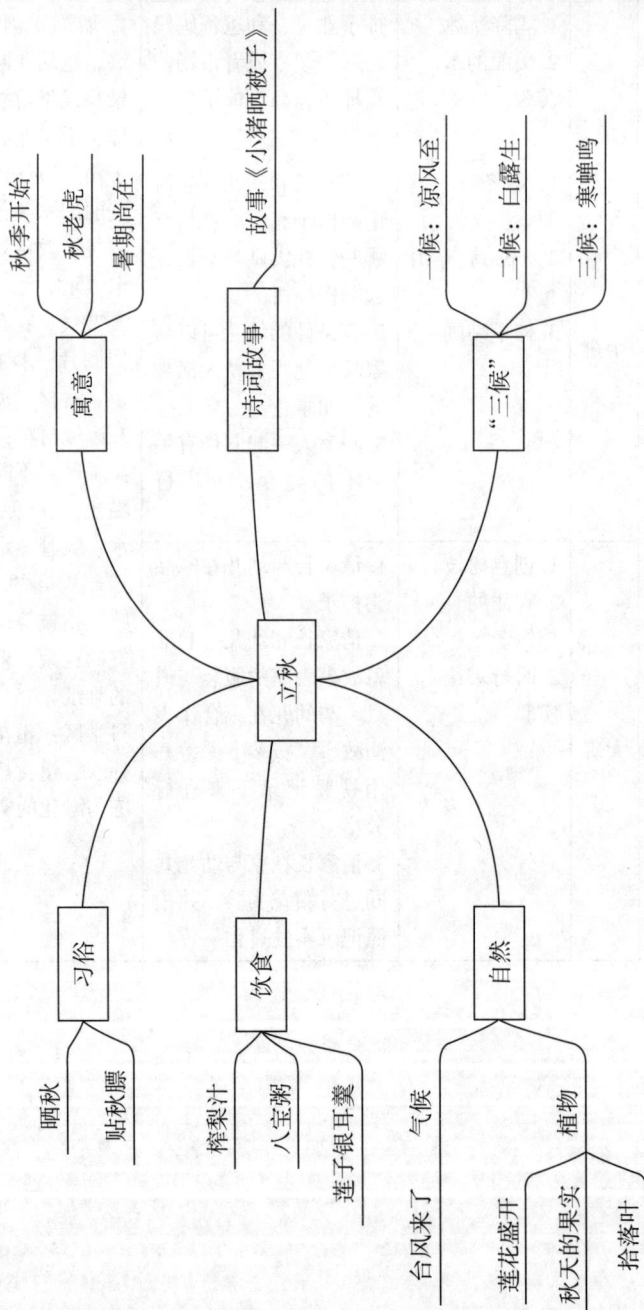

立秋

寓意
- 秋季开始
- 秋老虎
- 暑期尚在

诗词故事
- 故事《小猪晒被子》

"三候"
- 一候：凉风至
- 二候：白露生
- 三候：寒蝉鸣

习俗
- 晒秋
- 贴秋膘

饮食
- 榨梨汁
- 八宝粥
- 莲子银耳羹

自然
- 气候
  - 台风来了
- 植物
  - 莲花盛开
  - 秋天的果实
  - 拾落叶

小班活动 | 立秋——晒秋

【目标】

1.通过故事活动，了解立秋晒秋的习俗。

2.感受立秋节气活动的乐趣。

3.通过与同伴互相合作，完成晒秋小任务。

【重点】

了解晒秋的习俗。

【难点】

与同伴合作，完成晒秋小任务。

【准备】

1.故事PPT：《小猪晒被子》。

2.手指谣：《秋天到》。

3.放松音乐：班得瑞《秋天的落叶》。

4.环境准备：活动当天天气炎热，适合晒东西。

5.物品准备：图书、故事PPT、小被子、小毛巾、毛绒玩偶、垫子等。

【过程】

1.导入活动：通过手指谣《秋天到》，激发幼儿的兴趣。

秋天天气真好，大雁飞来了，叶子、叶子，飘落、飘落，秋天已来到。

2.师幼共同欣赏故事《小猪晒被子》，了解立秋的习俗——晒秋。

教师：现在正是立秋时节，小猪想在这个节气里做一件很重要的事情，我们一起去看看。

（1）教师播放故事PPT，讲述故事《小猪晒被子》。

（2）共同讨论：秋天到了，小猪做了什么事情？为什么要晒被子？立秋晒被子有什么好处？

（3）幼儿大胆表达自己的想法，并互相讨论。

3. 师幼共同把教室里的物品搬出去放在太阳下晒一晒。

（1）引导幼儿发现今天的天气很适合晒东西。

教师：现在已是秋天，大家觉得今天的天气怎么样？适合晒秋吗？

幼儿发表自己的想法。

（2）大家一起来晒秋。

请幼儿分组将教室里的小图书、小被子、小毛巾、毛绒玩偶等搬出教室进行晾晒。教师分组协助幼儿，并关注能力较弱的幼儿。

4. 播放背景音乐，引导幼儿跟着音乐做放松运动。如学大雁飞、秋风吹、树叶飘落等动作。

5. 师幼共同小结：今天，我们和小猪一起完成了晒秋的小任务，回家后也和爸爸妈妈一起把家里的物品搬到太阳底下晒一晒。

【区域活动】

1. 在语言区投放《小猪晒被子》自制故事图书，供小朋友们欣赏和讨论。

2. 节气桌上可放置晒秋的情景，让幼儿观赏。

【延伸活动】

立秋时节，和爸爸妈妈一起把家里的物品搬到阳光下晒一晒，有益于身体健康。

附：故事

小猪晒被子

立秋节气，阳光明媚，小猪正在屋外晒太阳，不一会儿，它的身体就被晒得暖烘烘的了，还伴有阳光的香气。小猪开心极了，它回到屋里正准备喝水的时候，突然觉得屋子里面很阴凉，甚至有一股发霉的味道，很难闻。它想起来可能是去年冬天的时候，天气潮湿和寒冷造成的，这样的被子盖在身上也不舒服呀。

立秋已至，又一个冬天很快就会到来，它得赶快晒晒自己的被子，如果被子有阳光的香气，到时盖着得有多舒服呀。

说干就干，小猪把被子晒在门前的树林里。可是等它出去转了一圈回来后，发现刚刚晒在门前的被子不见了，小猪可着急了，被子丢了，到时候天冷了没有被子盖会冻死的，它找来找去，发现门前的树干上有一张字条，上面写着：嗨！亲爱的小猪，这里太阴凉了，晒不到太阳，你的被子已经跑到阳光底下去了。"啊，这是怎么回事？被子怎么会自己跑到阳光下去呢？"小猪边说边寻找自己的被子。果然，在草地上，在暖烘烘的阳光下，小猪的被子正在那儿舒服地晒太阳呢，而且它的好朋友小鸡、小鸭、小鹅也在围着被子唱歌呢。现在小猪终于明白它的被子是怎么跑到太阳底下去的了。阳光把被子晒得暖暖的，再加上旁边草丛里的鲜花，风儿一吹，鲜花的香味都跑到小猪的被子里去啦，被子立刻变得香香的。

不仅如此，朋友们还告诉小猪，它们围着被子唱了好久的歌，这些歌都钻进了被子里，它们会陪伴它度过秋天，进入冬天的。

傍晚，小猪收回被子的时候，被子暖暖的，香香的，而且它知道被子里还藏着歌，藏着笑，藏着朋友们对自己无尽的关爱。

中班活动　立秋——贴秋膘

【目标】

1. 知道立秋节气有贴秋膘的习俗，懂得储备脂肪是为冬天保暖御寒做准备。

2. 体验和爸爸妈妈一同采购食材、烹饪美食的乐趣。

3. 尝试择菜、洗菜、切菜等烹饪前的准备工作。

【重点】

了解贴秋膘的含义。

【难点】

了解菜市场食材区域的划分。

【准备】

1. 了解立秋节气的习俗。

2. 选购食材前的安全教育。

3. 切菜工具等。

【过程】

1.通过讨论贴秋膘，引发幼儿活动的兴趣。

（1）谈话：现在是秋季的第一个节气——立秋，立秋节气的到来就意味着秋季已经到来，这时人们就要开始贴秋膘了。

（2）讨论：什么是贴秋膘？为什么要贴秋膘？怎样贴秋膘？

（3）师幼共同小结：贴秋膘的意思就是过完了一个"苦夏"，人们的体重有所减轻，瘦了当然需要补，补的办法就是贴秋膘。也就是说，在立秋节气时要多吃一些味道比较厚重的食物，首选就是吃肉，这也是为之后的冬天储备脂肪，做好保暖御寒的准备。

2.爸爸妈妈带幼儿去菜市场选购食材，了解菜市场食材区域的划分。

（1）通过讨论：想吃什么？和爸爸妈妈列一个食材的清单。

（2）幼儿拿着清单和家长一同前往市场采购食材。

（3）亲子统计：哪些食材是在同一个地方购买的。

（4）亲子得出结论：菜市场食材区域划分为蔬菜区、肉类区、海鲜区。

3.幼儿和爸爸妈妈做好烹饪前的准备工作。（学习择菜、洗菜、切菜）

4.幼儿观看爸爸妈妈烹饪，注意厨房安全。

5.和爸爸妈妈享受美食，懂得分享美食的快乐。

6.和爸爸妈妈一同收拾碗筷，体验劳作的快乐。

【区域活动】

在生活区提供模拟食材，供幼儿进行社会实践。

【延伸活动】

贴秋膘的方式有很多种，爸爸妈妈可以带着孩子炖羊肉、炖牛肉、炖鸡肉等。

大班活动 **营养八宝粥**

【目标】

1.认识制作八宝粥的材料，知道五谷杂粮含有丰富的营养，有益于人的身体健康。

2.体验与同伴一起制作八宝粥的乐趣。

3.学习搭配八宝粥食材并制作八宝粥。

【重点】

学习制作八宝粥。

【难点】

学习搭配八宝粥食材。

【准备】

1.八宝粥成品一碗。

2.八宝粥材料：大米、小米、花生、红豆、绿豆、莲子、百合、桂圆、红枣、白砂糖，电饭锅3个。

3.制作八宝粥的视频。

【过程】

1.出示美味的八宝粥，引起幼儿的食欲与兴趣。

（1）教师：请小朋友们看一看这个碗里装着什么美食？

（2）教师：立秋时节，天气依然闷热，吃八宝粥能解暑，有益于人的身体健康。

（3）教师：你们知道八宝粥是用哪些材料做出来的吗？

2.引导幼儿通过视觉、触觉、嗅觉，认识八宝粥的制作材料。

（1）教师展示制作八宝粥的材料：大米、小米、花生、红豆、绿豆、莲子、百合、桂圆、红枣、白砂糖。

（2）教师：请小朋友看一看、摸一摸、闻一闻制作八宝粥的材料。

（3）教师介绍八宝粥的材料名称。

3.师幼共同观看制作八宝粥的视频，引导幼儿了解搭配八宝粥的材料并学习制作八宝粥。

（1）观看视频，学习制作八宝粥的方法，了解八宝粥的多样性。

（2）请幼儿分成三组讨论如何搭配八宝粥食材，尝试搭配各种口味的八宝粥。

（3）请幼儿将搭配好的食材洗干净，放入冷水浸泡变软后，再倒入电饭锅中熬制。

4.品尝八宝粥。

（1）教师：每组幼儿搭配的八宝粥食材都不一样，大家一起来品尝一下，看看你喜欢吃哪一种。

（2）下午茶时，幼儿品尝自己制作的美味八宝粥。

【区域活动】

1.在生活区提供制作八宝粥的各种材料，供幼儿学习搭配八宝粥食材。

2.在语言区提供八宝粥材料的图片和文字进行配对。

【延伸活动】

家长在家可以带幼儿认识更多的五谷杂粮，搭配制作各种营养食物，引导幼儿均衡饮食，不挑食。

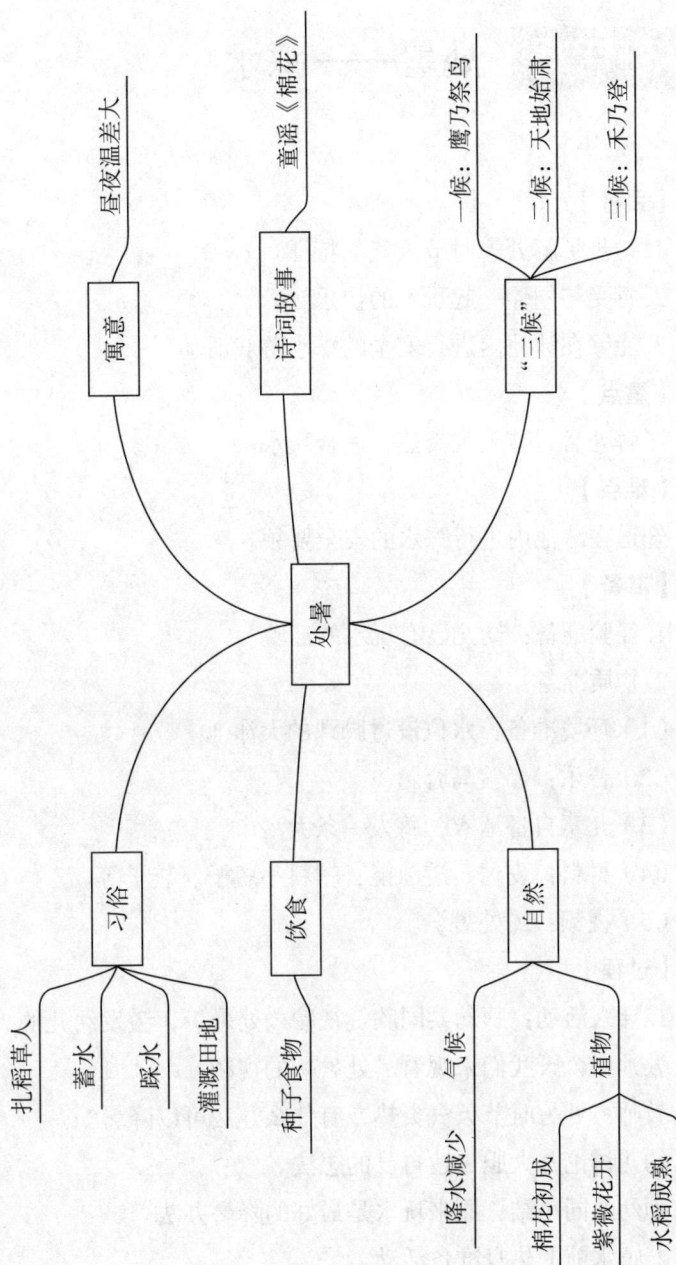

处暑

寓意 —— 昼夜温差大

诗词故事 —— 童谣《棉花》

"三候"
一候：鹰乃祭鸟
二候：天地始肃
三候：禾乃登

处暑

习俗
扎稻草人
蓄水
踩水
灌溉田地

饮食
种子食物

自然
气候 —— 降水减少
植物
棉花初成
紫薇花开
水稻成熟

小班活动 处暑——踩水

【目标】

1. 初步了解处暑时节天气的特征。

2. 感受与同伴一起玩水的快乐。

3. 能够在泳池内进行安全的踩水游戏活动。

【重点】

了解处暑时节天气炎热，适合玩水。

【难点】

知道在泳池内进行踩水的安全要领。

【准备】

1. 经验准备：幼儿已有玩水的经验。

2. 物质准备：

（1）环境准备：水位没过脚踝的大泳池。

（2）音乐：《骏马奔腾》。

（3）儿童自备泳衣，每人一条大浴巾。

（4）材料：皮球、游泳镜、塑料小瓶子、袋子等。

（5）视频：《处暑》。

【过程】

1. 导入活动：师幼共同欣赏视频《处暑》，激发幼儿的兴趣。

教师：今天我们来观看《处暑》的视频。

教师：处暑时节天气炎热，有什么办法可以降暑？

幼儿讨论并大胆表达自己的想法。

师幼共同小结：原来玩水是最好的降暑办法。

2. 嬉水前的热身准备活动。

音乐律动：《骏马奔腾》。

游戏规则：幼儿与教师一起集合在泳池旁边，播放律动音乐《骏马奔腾》，幼儿根据音乐旋律自己创编动作，进行热身运动。

3.幼儿进行踩水游戏活动，教师安全巡查。

游戏："小兔子乖乖"。

游戏规则：幼儿扮演小兔子，分散地站在泳池里面，教师扮演兔妈妈或者大灰狼，背对幼儿站在幼儿前面几米的地方。当"兔妈妈"用温柔的声音唱"小兔子乖乖，把门儿开开，快点开开，我要进来"时，幼儿就踩水并唱"就开就开我就开，妈妈回来了，就要把门开"；如果"大灰狼"用粗犷的声音唱"小兔子乖乖，把门儿开开，快点开开，我要进来"时，幼儿就踩水并唱"不开不开我不开，妈妈没回来，不能把门儿开"。

4.幼儿自选活动，教师提供皮球、游泳镜、塑料小瓶子、袋子等材料，给幼儿自由选择进行玩水活动，增加幼儿的玩水乐趣。

5.活动结束：游戏"火车开了"。

（1）教师唱儿歌《火车开了》：轰隆隆隆，轰隆隆隆，火车开走了；轰隆隆隆，轰隆隆隆，火车开走了；轰隆隆隆，轰隆隆隆，火车开走了；上车的乘客快快来，火车就要开。

（2）幼儿逐个离开泳池进行淋浴，用大浴巾包裹并擦拭，更衣、吹头发等。

【延伸活动】

1.在处暑时节，和爸爸妈妈一起去游乐场进行亲子嬉水活动，家长要注意关注幼儿玩水时是否安全。

2.照片墙展示幼儿进行踩水游戏活动的照片，供幼儿欣赏、讨论。

中班活动　稻草人的新衣

【目标】

1.了解稻草人的作用。

2.感受与稻草人一起游戏的乐趣。

3.能使用不同的材料，通过拼图、粘贴的方式装饰稻草人的新衣。

【重点】

了解稻草人的作用。

【难点】

通过拼图、粘贴的方式装饰稻草人的新衣。

【准备】

1.布置稻草人场景。

2.多媒体教学课件。

3.剪刀、双面胶、半成品衣服、裤子、裙子、各类纸、装饰彩片若干、装饰材料。

【过程】

1.教师带领幼儿参观提前布置好的稻草人场地，激发幼儿的兴趣。

（1）教师：请小朋友们仔细观察一下，种植园发生了什么变化？

（2）教师：原来种植园里面多了几个小稻草人！为什么这里会有稻草人？（幼儿自由讨论）

（3）师幼共同小结：稻草人能吓走偷吃粮食的鸟儿。将稻草人摆放在丰收的田地里，鸟儿以为有人在田里，就不敢去偷吃粮食了。原来稻草人这么厉害，今天，它们也来到了我们幼儿园，要和小朋友们一起唱歌、跳舞。可是它们没有漂亮的衣服穿，该怎么办？我们一起来给它们设计漂亮的衣服。

2.欣赏作品，拓展幼儿的思路，讲解要点。

（1）欣赏作品，拓展幼儿的思路。

教师：小朋友们，请看，这里有两个稻草人已经穿上了漂亮的衣服，你们觉得它什么地方比较吸引你？（幼儿自由讨论）

（2）提供材料及工具。

教师：老师给小朋友们提供了一些材料和工具，请你们用自己的想法去帮助稻草人设计漂亮的衣服。（为幼儿提供剪刀、双面胶、半成品衣服、裤子、裙子、各类纸、装饰彩片若干、装饰材料）

3.幼儿装饰稻草人，教师巡回指导。

4.欣赏作品。

（1）引导幼儿互相欣赏已经装扮好的稻草人。

教师：看，现在我们的稻草人变得多漂亮呀，你们喜欢自己的稻草人朋友吗？你们是怎么把它打扮得这么漂亮的？

（2）引导幼儿互相点评，说出同伴作品的优点。

教师：除了自己的稻草人，你们还喜欢谁的稻草人，为什么？（幼儿自由发言）

5.结束部分，引导幼儿感受与稻草人共同游戏的快乐。

（1）教师：小朋友们，你们还记得稻草人的作用是什么吗？

（2）教师：它可以帮助农民伯伯守护粮食。听，是什么声音？是小鸟飞过来了，我们一起帮助稻草人赶走小鸟，守护粮食。

（3）与幼儿一起前往户外进行守护粮食的游戏，可先由教师扮演小鸟，幼儿带着稻草人进行追赶。在幼儿熟悉游戏规则之后，由一部分幼儿扮演小鸟，另一部分幼儿追赶，之后交换角色。在游戏前，教师需要引导幼儿在游戏中注意安全。

【延伸活动】

1.将稻草人投放到美工区，幼儿可以自由发挥，创意装饰稻草人。

2.将装扮好的稻草人投放到娃娃家或者表演区，丰富拓展游戏内容。

大班活动 搭建水渠管道

【目标】

1.自主探索搭建水渠管道的多种方法，尝试将水渠分流引向多个菜地。

2.与同伴合作游戏，大胆交流探索的结果。

3.能观察、分析、发现问题，并解决问题。

【重点】

自主探索搭建水渠管道的多种方法。

【难点】

尝试将水渠分流引向多个菜地。

【准备】

1. 经验准备：幼儿已通过观看图片和视频了解了农民在灌溉农作物时用到的引水装置。

2. 物质准备：

（1）收集的废旧材料：奶粉罐、铁盒、长短不一的横切面PVC水管、水桶、高矮不一的木桩。

（2）其他材料：雨鞋、纸张、画笔等。

【过程】

1. 谈话导入，激发幼儿的探索兴趣。

（1）教师：我们在上次活动中观看过农民伯伯在灌溉农作物时用到的引水装置，它可以帮助农民伯伯引水灌溉田地。现在正值处暑时节，天气炎热，我们菜地里的泥土有点干，今天老师也想请小朋友们一起来探索如何搭建水渠管道，将水引流到我们的菜地里。

（2）幼儿自主讨论，师幼共同小结。

2. 教师提出问题，幼儿分组设计水渠管道图。

（1）教师：老师准备了很多废旧材料，请小朋友们先讨论如何利用水管和废旧材料将水渠分流引向菜地。

（2）幼儿讨论后，拿笔画出自己设计的水渠管道图。

（3）教师：请小朋友们带着你们设计的管道图去选择材料，合作探索搭建水渠管道，看看是否能够成功。

3. 幼儿自主选择材料探索搭建水渠管道，教师观察指导。

（1）教师观察并记录下幼儿探索搭建水渠管道的过程。

（2）幼儿在搭建水渠管道过程中发现问题时是否能够分析并解决问题，教师可适时指导幼儿。

（3）每组搭建完成后，试验是否成功引水。

（4）请幼儿分享自己组的搭建成果。

【延伸活动】

在户外沙池可以增加这些引水装置材料供幼儿探索玩水，继续探索水的世界。

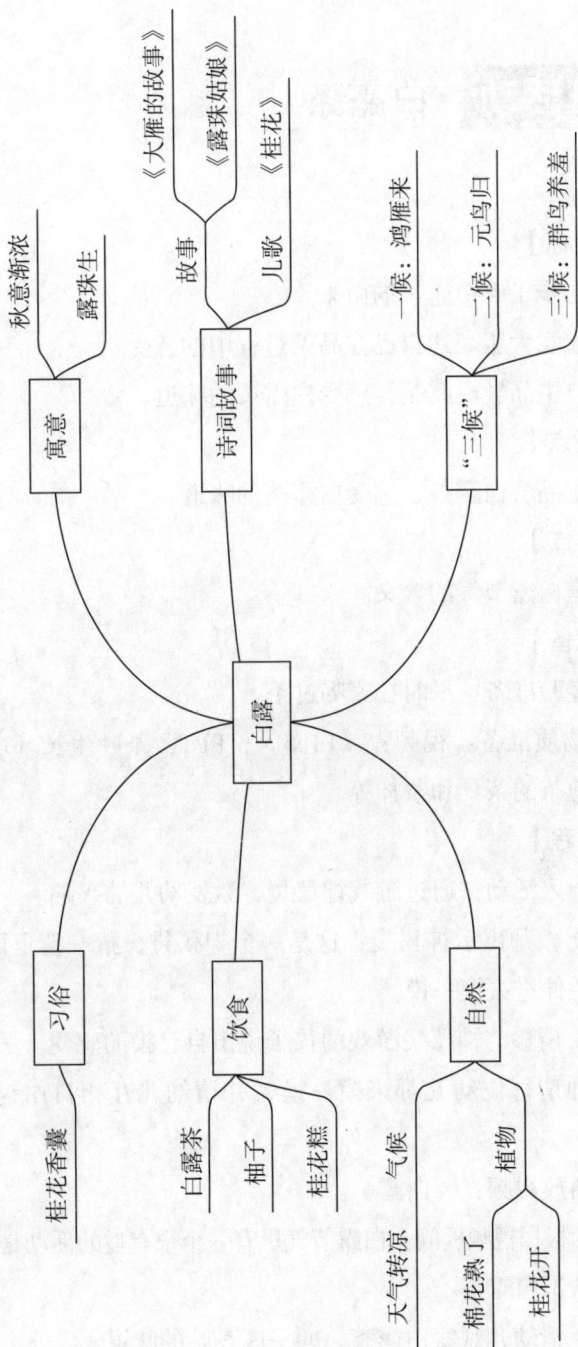

白露

寓意
- 秋意渐浓
- 露珠生

诗词故事
- 故事
  - 《大雁的故事》
  - 《露珠姑娘》
- 儿歌
  - 《桂花》

"三候"
- 一候：鸿雁来
- 二候：元鸟归
- 三候：群鸟养羞

习俗
- 桂花香囊

饮食
- 白露茶
- 柚子
- 桂花糕

自然
- 气候
  - 天气转凉
  - 棉花熟了
- 植物
  - 桂花开

小班活动 | 白露茶

【目标】

1. 初步了解白露茶的由来。

2. 愿意大胆表达自己在品茶过程中的感受。

3. 自主品尝白露茶，感受白露茶的味道。

【重点】

自主品尝白露茶，感受白露茶的味道。

【难点】

知道白露节气的含义。

【准备】

1. 经验准备：平时在家喝过茶。

2. 物质准备：视频：《白露》；PPT：茶叶生长环境以及采摘；神秘袋、茶叶、泡茶的茶具和茶杯等。

【过程】

1. 导入活动：通过游戏神秘袋，激发幼儿的兴趣。

（1）教师出示神秘袋：这是一个神秘袋，猜一猜里面是什么？请一位小朋友来把手伸进去摸一摸。

（2）请参与神秘袋游戏的孩子说出自己摸的感受。

教师请每位幼儿都来摸一摸，并请幼儿互相自由讨论，大胆说出自己的感受。

2. 播放视频：《白露》。

教师根据视频提问：白露节气里有一个很有趣的活动是什么？饮白露茶。

3. 认识白露茶。

（1）请幼儿观察白露茶，闻一闻茶叶的味道。

师幼共同小结：白露时节采摘的茶叶，叫作白露茶。

（2）出示PPT，通过欣赏图片，让幼儿感受茶叶的生长环境和采摘过程。

（3）请幼儿大胆表达自己的感受和发现，并互相讨论。

（4）教师：原来茶叶也是长在茶树妈妈身上的，等到白露时节，茶工们就会把它采摘下来，经过相关制作，就变成我们现在看到的茶叶了。

4.品尝白露茶。

（1）在生活区的桌子上摆放好一套茶具，教师按照正确的方法泡茶。

（2）请幼儿自选茶杯品尝各种泡好的茶水。

（3）幼儿品茶。

（4）幼儿互相讨论自己的感受。

【区域活动】

在生活区投放茶叶、茶具，供幼儿观察茶叶，尝试用简单的茶具泡茶、品茶。

【延伸活动】

亲子泡茶。

附：

视频《白露》

中班活动 | 白露茶艺

【目标】

1.知道泡茶的基本步骤与注意事项。

2.热爱中华文化，感受我们民族文化的魅力。

3.观察比较泡茶时茶叶和茶水的变化，并能说出喝茶的感受。

【重点】

知道泡茶的基本步骤与注意事项。

【难点】

观察比较泡茶时茶叶和茶水的变化。

【准备】

1.约好茶艺师。

2.茶具4套、茶叶、开水、盘子。

3.古筝乐曲、记录表。

【过程】

1.通过欣赏茶艺表演（古筝乐曲伴奏），激发幼儿的活动兴趣。

（1）简单回顾白露节气的特点。

教师：白露是秋天的第三个节气，开始进入孟秋时节，天气逐渐转凉，气温下降，夜间空气中的水汽遇冷凝结成露，故称白露。

（2）教师介绍今天的神秘客人——茶艺师。

茶艺师进行茶艺展示，幼儿欣赏。

2.结合茶具、茶艺表演与幼儿讨论。

（1）刚才茶艺师在干什么？

（2）泡茶需要什么？

（3）泡茶时应注意什么？

3.教师进行茶艺展示，幼儿观察。

（1）取茶叶。

（2）泡茶。

（3）倒茶。

4.幼儿分组开展泡茶活动，完成记录表。

（1）第一组幼儿通过泡茶，以画图的方式记录茶叶的变化。

讨论：茶叶有什么改变？干茶叶与泡过的茶叶哪里一样，哪里不一样？

（2）第二组幼儿通过泡茶，以画图的方式记录茶水的变化。

讨论：茶水有什么改变？

5.幼儿交流泡茶的过程以及喝茶的感觉。

【区域活动】

在茶艺区摆放茶具、茶叶等，让幼儿体验泡茶、品茶的乐趣。

【延伸活动】

请幼儿结合自己的记录表说说泡茶时茶叶和茶水的变化。

附：记录表

	泡茶前	泡茶后
茶叶		
茶水		

大班活动 品白露茶

【目标】

1.了解喝白露茶的好处和注意事项。

2.喜欢泡茶、品茶。

3.学习、体验茶文化中品茶的礼仪。

【重点】

学习、体验茶文化中品茶的礼仪。

【难点】

理解品茶礼仪的含义。

【准备】

1.经验准备：有泡茶的经验，知道泡茶的基本步骤。

2.物质准备：《白露茶》PPT、白露茶叶（分别用小茶包和非透明罐子装）、茶具、水、盘子。

【过程】

1.用小茶包趣味导入，激发幼儿对白露茶的兴趣。

（1）教师出示装有白露茶叶的小茶包，请幼儿闻一闻，并说说闻到了什么样的气味，猜猜是什么。

（2）教师将茶叶倒在盘子中，引导幼儿观察，说说茶叶的特征。

（3）教师：这是白露节气前后采摘的茶叶，闻起来很清香，用它们来泡茶是什么样的味道？喝白露茶有什么好处呢？我们一起来看看。

2. 教师出示《白露茶》PPT，引导幼儿了解喝白露茶的好处和注意事项。

（1）出示第一张PPT，认识白露茶的好处。

① 请幼儿通过观察画面，说说白露茶的好处。

② 师幼共同小结：之前我们了解到秋天有贴秋膘的习俗，在吃完一顿丰盛油腻的食物后，喝白露茶可以缓解油腻，肠胃会舒服很多。如果我们吃得太饱，茶叶中的一些成分可以帮助肠胃消化。喝白露茶还有利于缓解疲劳，有益于我们的身体健康。

（2）出示第二张PPT，了解喝白露茶的注意事项。

① 请幼儿通过PPT中的图画说说喝白露茶的注意事项。

② 师幼共同小结：喝白露茶有很多好处，但是也要注意这些事：在喝白露茶的时候不能空腹，如果肚子里面没有食物，会降低茶叶的消化功能，可能会导致肚子痛；不能喝过烫、过浓的白露茶，不然可能会烫伤、头晕。

3. 教师与幼儿一起泡茶，学习品茶的礼仪。

（1）根据步骤清洗茶具、茶叶，泡白露茶。

（2）教师介绍品茶礼仪：

① 品茶前的"叩指礼"：在主人给客人倒茶时，客人用"叩指礼"回应（右手握拳，屈起食指和中指，拳心向下，轻轻叩击桌面两下）。

② 品茶时：在主人请客人喝茶时，客人右手持杯，左手托杯底，侧身品茶。

③ 品茶后：在客人品茶后，双手轻轻地将茶杯放回桌上。

（3）教师请幼儿喝茶，幼儿体验品茶礼仪。

（4）师幼共同小结：客人品茶前的"叩指礼"、品茶时的手势、品茶后的轻轻放杯都表示对主人的尊重，也能体现客人自己的礼仪修养。古时候的人们以茶代礼，中华茶文化的礼仪非常丰富，而品茶礼仪便是其中的一部分，我们可以回家与家人继续探讨茶文化中的其他礼仪。

4. 收拾整理，活动结束。

幼儿清洗茶具，收拾桌子。

【区域活动】

在语言区投放关于茶文化的三步卡（包括泡茶、敬茶、品茶的礼仪）。

【延伸活动】

继续探索关于中华茶文化的其他礼仪，如敬茶、续茶的礼仪，与家人或同伴共同制作关于茶文化的小书。

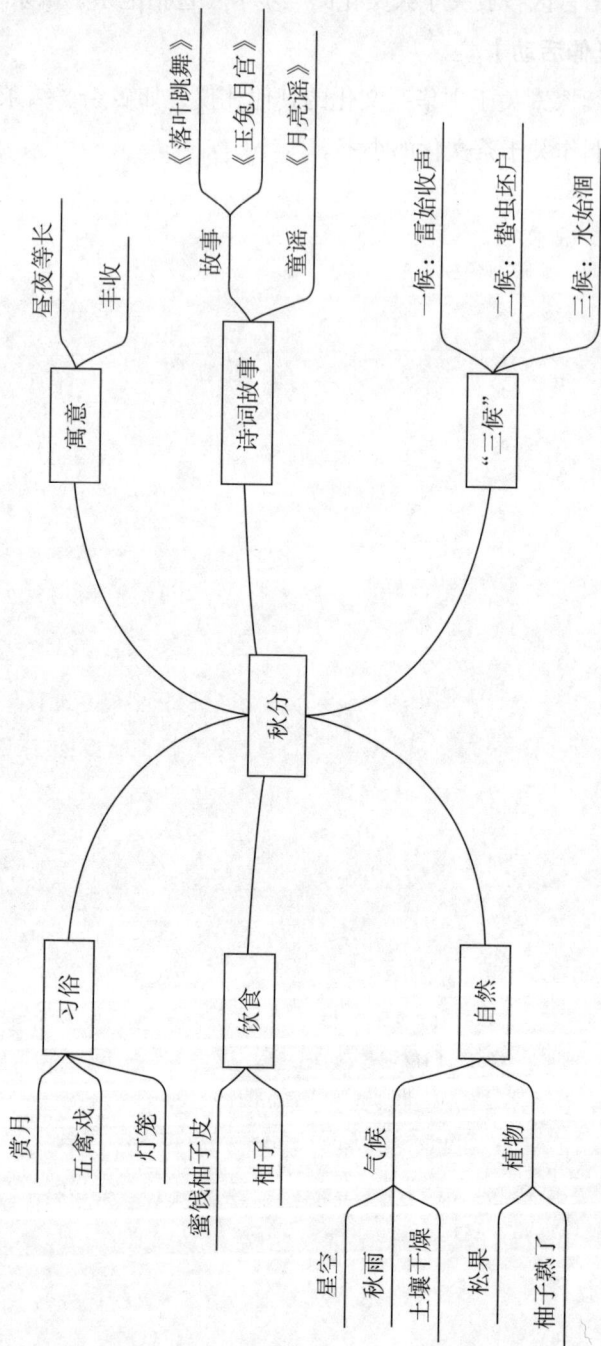

秋分

昼夜等长
丰收
寓意

《落叶跳舞》
故事
诗词故事
《玉兔月宫》
《月亮谣》
童谣

一候：雷始收声
二候：蛰虫坏户
"三候"
三候：水始涸

秋分

习俗
赏月
五禽戏
灯笼

饮食
蜜饯柚子皮
柚子

自然
星空
秋雨
气候
土壤干燥
松果
植物
柚子熟了

小班活动 《月亮谣》

【目标】

1. 通过活动，了解月亮的变化。

2. 愿意玩手指游戏，体验游戏的乐趣。

3. 学习手指游戏，能在集体面前大胆地表演、表现自己。

【重点】

通过手指游戏，了解月亮的变化。

【难点】

学习手指游戏，能在集体面前大胆地表演、表现自己。

【准备】

月亮变化图片、手指游戏《月亮谣》。

【过程】

1. 出示月亮变化图导入，引出主题。

教师：秋分时节是一年中月亮最美丽的时候，小朋友们，今天老师带来了一个神奇的月亮，它会变魔术，你们来看看，它是怎么变魔术的？（可以让幼儿说说自己看到的月亮图片的变化）

2. 欣赏手指游戏《月亮谣》。

"初一像条小细线，初二初三眉毛弯，初七初八像小船，十五月亮十六圆。"

3. 教师表演手指游戏。

（1）教师：小朋友们看看老师是怎么用手指玩游戏的？

（2）鼓励幼儿大胆说说自己的发现。

4. 幼儿学习手指游戏《月亮谣》。

5. 请个别幼儿表演手指游戏，鼓励幼儿大胆地表现自己。

【区域活动】

1. 在科学区投放月亮变化图，了解月亮变化的规律。

2.在图书区投放关于月亮的绘本故事，供幼儿欣赏。

【延伸活动】

回家表演手指游戏《月亮谣》给爸爸妈妈欣赏。

附：童谣

月亮谣

初一像条小细线，初二初三眉毛弯，

初七初八像小船，十五月亮十六圆。

中班活动　巧手制作灯笼

【目标】

1.能使用多种图案和不同的材料装饰灯笼。

2.感受传统节日中秋节的氛围。

3.尝试用完整的句子描述自己的灯笼的特征。

【重点】

尝试用完整的句子描述自己的灯笼的特征。

【难点】

能使用多种图案和不同的材料（不织布、彩色纸片等）装饰灯笼。

【准备】

1.剪裁好的卡纸、彩纸、胶水、剪刀、不织布片、彩色小纸片、扭扭棒等。

2.幼儿从家里自带一个小灯笼。

【过程】

1.师幼共同到幼儿园寻找并观察灯笼。（教师提前布置装饰有灯笼的场地）

（1）教师与幼儿一起在幼儿园发现并寻找灯笼的踪迹。

（2）教师：小朋友们，你们知道这是什么吗？请你们仔细看一看它的形状是什么样子的？它是什么颜色？

2. 幼儿展示自己带来的灯笼，并尝试用语言简单描述自己带来的灯笼的形状、颜色。

（1）教师：每个小朋友都带来了自己的小灯笼，请你们说一说自己带来的小灯笼是什么样子的？（引导幼儿用完整的句子如"我的灯笼是……样子""它是……颜色"等来描述）

（2）观察灯笼上的装饰，引导幼儿欣赏灯笼的造型、图案、色彩等的装饰美。

3. 教师展示制作灯笼的方法，并装饰灯笼。

（1）教师展示制作灯笼的方法。

教师：看了这么多漂亮的灯笼，现在我们也要来一起制作一个小灯笼。首先将一张彩纸左右对折，用剪刀将对折后的彩纸的右边剪成许多一样的小纸条。将彩纸打开，左右两边的小纸条当作灯笼箍，中间的小条当作灯笼肚。将彩纸两端涂上胶水，围成一个圈，粘在一起，再剪一长条的纸贴在上方，这样，我们的灯笼就做好了。

（2）教师装饰制作好的灯笼。

教师：灯笼做好了，但是现在灯笼上空空的，不是很漂亮，你们有什么好办法把它变得更漂亮吗？

4. 幼儿制作并自由装饰灯笼，教师巡回指导。

5. 进行灯笼展，幼儿欣赏。

师幼共同小结：今天，我们每个小朋友都做了一个漂亮的灯笼，现在我们一起把它们装饰在教室里面吧。

【区域活动】

在美工区投放制作灯笼的彩纸、剪刀、胶水等相关工具以及装饰材料。

【延伸活动】

请幼儿和家长一起探索制作灯笼的其他方法，并尝试进行制作与装饰。

大班活动　亲子美食：蜜饯柚子皮

【目标】

1. 了解柚子皮的功效与作用。

2. 体验亲子制作美食的乐趣。

3. 能够与家长一起制作蜜饯柚子皮，并设计步骤图。

【重点】

能够与家长一起制作蜜饯柚子皮。

【难点】

用图文并茂的方式设计一张清晰的蜜饯柚子皮步骤图。

【准备】

1. 经验准备：了解秋分时节水果成熟的知识，并知道柚子的营养价值。

2. 物质准备：柚子皮、盐、水、锅、盘子、冰糖、纸和笔。

【过程】

1. 亲子收集资料，了解柚子皮的功效与作用。

幼儿回家与家长一同查询、收集资料，了解柚子皮的功效与作用，可以录制简短的小视频发布到班级群向大家介绍。

2. 亲子制作蜜饯柚子皮并品尝。

（1）制作步骤。

① 将柚子皮用盐水洗净。

② 将切除白瓤的柚子皮切成长条。

③ 放入盐水中浸泡1小时后，再放入开水中煮10分钟，捞出放入凉水中浸泡8小时。

④ 加冰糖小火慢炒，炒到出霜即可。

（2）邀请家人一起品尝。

（3）幼儿主动清洗用具，收拾整理。

3. 亲子合作，设计制作蜜饯柚子皮的步骤图。

幼儿与家长一起讨论，并用图片和文字绘制蜜饯柚子皮的步骤图。

4. 幼儿回园与同伴分享交流制作的经验。

幼儿将制作好的步骤图带回幼儿园，与同伴一起分享、交流自己在家制作蜜饯柚子皮的经验。

5. 结束活动。

师幼共同小结：秋分节气到了，许多水果都成熟了，柚子是其中的一种。柚子具有丰富的营养价值，而柚子皮也有着很多的功效与作用。这次，我们和家人一起制作了柚子皮的美食，也绘制了好看又详细的步骤图，让我们一起把这些步骤图展示到教室墙面上，邀请其他班上的小伙伴一起来欣赏吧！

【区域活动】

在语言区讲述制作柚子皮功效与作用的三步卡。

【延伸活动】

将记录柚子各种用途的照片制作成小视频，并与大家分享。

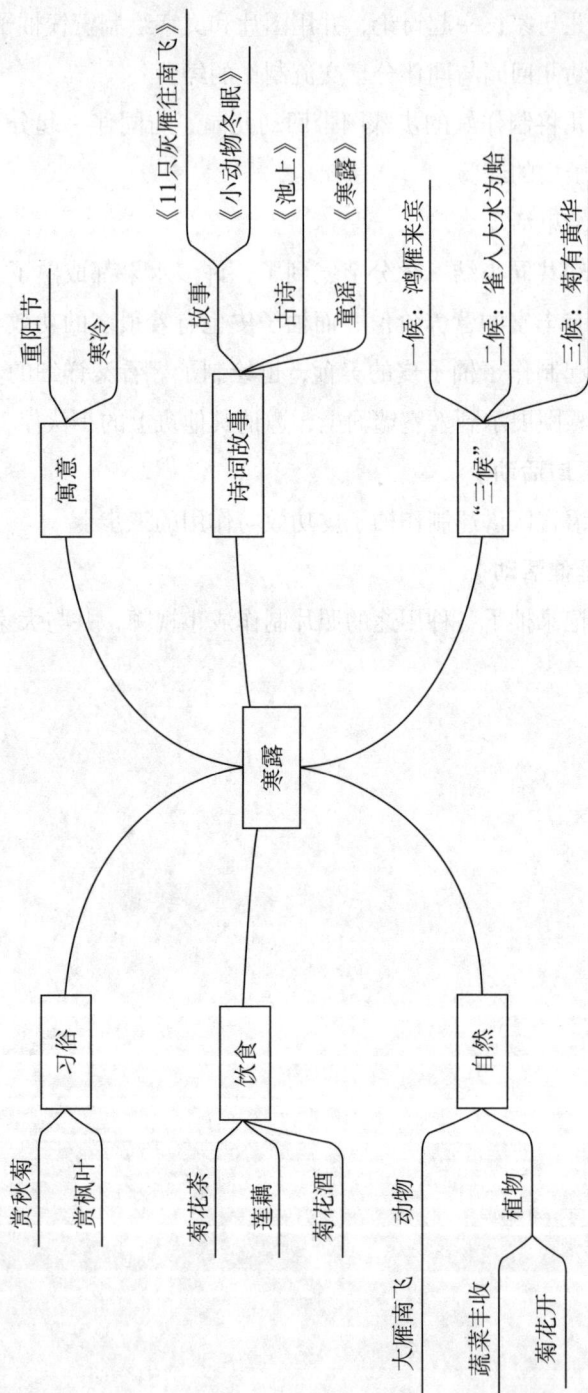

寒露

寒露

寓意 —— 重阳节
　　　寒冷

诗词故事 —— 故事 ——《11只灰雁往南飞》
　　　　　　　　　　　　《小动物冬眠》
　　　　　　　古诗 ——《池上》
　　　　　　　童谣 ——《寒露》

"三候" —— 一候：鸿雁来宾
　　　　　　二候：雀人大水为蛤
　　　　　　三候：菊有黄华

习俗 —— 赏秋菊
　　　　赏枫叶

饮食 —— 菊花茶
　　　　莲藕
　　　　菊花酒

自然 —— 动物 —— 大雁南飞
　　　　植物 —— 蔬菜丰收
　　　　　　　　菊花开

小班活动　寒露童谣里的秘密

【目标】

1. 简单知道寒露主要的气候特点，了解小动物冬眠的现象。

2. 能大致理解童谣内容并学念童谣。

3. 欣赏寒露童谣，喜欢念童谣，乐于参与游戏。

【重点】

欣赏寒露童谣，了解小动物冬眠的现象。

【难点】

能根据图卡学念童谣。

【准备】

1. PPT课件。

2. 小雪人、狗熊、青蛙、蜥蜴、树绿花开等图片。

3. 游戏道具：塑料钻洞拱门3个、游戏图片若干。

【过程】

1. 通过童谣故事导入，激发幼儿的活动兴趣。

（1）出示童谣故事的图片1，第一次讲述故事并提问，让幼儿简单知道寒露的气候特点。

（2）出示童谣故事的图片2，第二次讲述故事并提问，让幼儿简单了解小动物冬眠的现象。

2. 欣赏并学念童谣"过了寒露要降温，狗熊冬眠躲进洞，青蛙蜥蜴钻地里，一觉睡到来年春"。

（1）欣赏童谣视频，鼓励幼儿说说狗熊、青蛙和蜥蜴是如何过冬的。

（2）根据图卡提示，学念童谣。

① 教师鼓励幼儿大胆跟念童谣。

② 教师引导幼儿用不同角色的声音跟念童谣。（爸爸、妈妈、爷爷、奶奶

的声音）

③教师引导幼儿加上动作律动念童谣。

3. 角色游戏"过冬啦"。

（1）教师：老师想邀请小朋友一起来玩个小游戏——过冬啦，请小朋友先看看老师是怎么玩的。（邀请班级教师配合，教师简单介绍游戏规则）

（2）请幼儿抽取角色卡片并分组参与游戏。

（3）请幼儿交换角色卡片并集体参与游戏。

4. 表演与小结。

（1）集体表演童谣：请全体幼儿一起拍手唱童谣。

教师：请小朋友们起立一起表演童谣《寒露》。

（2）师幼共同小结：今天，我们知道了狗熊、青蛙和蜥蜴是如何过冬的，那老师要再给你们一个小任务，回家后将童谣念给爸爸妈妈听，然后问问他们别的小动物又是怎么过冬的，回园可以和老师分享。

【区域活动】

在语言区投放小动物和它们冬眠的图卡进行配对练习。

【延伸活动】

1. 回家将童谣念给爸爸妈妈听。

2. 了解其他需要冬眠的小动物。

附1：童谣

寒露

过了寒露要降温，
狗熊冬眠躲进洞，
青蛙蜥蜴钻地里，
一觉睡到来年春。

附2：故事

小动物冬眠

寒露节气到了，秋的味道越来越浓，天气也越来越寒凉，树上的叶子快落光了，地上的草也枯黄了，森林里静悄悄的。

一只小狗熊在森林里走来走去，一阵风吹来，它感到有点冷，然后它看到一只小蜥蜴，小狗熊说："小蜥蜴，树林里的好朋友都跑到哪里去了？"这时，一只小青蛙听见了，从池塘里跳上岸说："小狗熊，小蜥蜴，我正想跟你们告别，我要去睡觉了。"小蜥蜴看看天空，哈哈大笑说："太阳还高高挂在天上。你怎么就去睡觉呢？"小青蛙说："我要冬眠了，整个冬天，我都睡在洞里，不吃也不动，到了明年春天再出来，你也是要冬眠的，我们都是这样过冬的，你忘了吗？"小青蛙一边说，一边挖好了一个大洞，"冬天住在地洞里，既不怕风，也不怕雪，暖暖和和的，多好啊！"小蜥蜴恍然大悟，心里想：对哦，我都忘记了时间，看来我也得赶紧去找个暖和的地洞才行！

小狗熊说："那我也要去找个舒服的树洞准备冬眠了！"

森林里的小动物们都找到了过冬的好方法，森林里更安静了，小动物们都商量好了，约定第二年春天还在这里相见。大家都在期待着明年春天快点来到。

中班活动　秋菊

【目标】

1.知道菊花的花瓣是卷卷的、长长的、一层一层的。

2.体验制作菊花手工的乐趣。

3.通过活动，幼儿能初步感受菊花的美、秋天的美。

【重点】

能用剪刀剪出流苏。

【难点】

将宽度不同的4个长短一样的卡纸按照从窄到宽的顺序卷起来。

【准备】

1.人手一份4个长短一样、宽度不同的卡纸，小竹棒若干。

2.收集菊花，活动室摆放菊花。

3. 剪刀、胶水。

【重点】

1. 活动室摆放菊花，幼儿发现活动室里的菊花，激发幼儿的活动兴趣。

2. 幼儿欣赏美丽的菊花。

（1）教师提问：菊花是什么样子的?

（2）教师提问：这里有哪些颜色的菊花?

（3）教师提问：菊花的花瓣有什么特点?

3. 教师小结菊花的外形特征。

（1）含苞欲放的菊花，花瓣往里卷。

（2）盛开的菊花，有的花瓣往外卷，像妈妈的卷发；还有的菊花是线状的，像烟花。

4. 按照步骤学习制作菊花。

（1）拿出卡纸剪出4个长条，长度相同，但宽度逐渐变大。然后折一个窄边，再把另一边卷起来一点。

（2）用剪刀将4个长条剪出流苏。

（3）取最窄的先卷到花秆上。

（4）依次卷上其他的长条纸。

（5）把最外层的花瓣向下压一下。

（6）整理好花形，漂亮的菊花就制作完成了。

5. 幼儿制作菊花，教师个别指导。

6. 分享交流——美丽的菊花。

幼儿作品展示，同伴互相欣赏。

【区域活动】

在美工区提供幼儿制作菊花手工的材料：各种颜色的卡纸、剪刀、小竹棒、胶水等。

【延伸活动】

1. 了解菊花的作用，菊花的花朵可以泡茶，人们喝了菊花茶可以清肝明目、解气消炎。菊花的根、茎、叶都可以入药，干菊花可以装枕头、做香包。

2. 周末，家长可以和幼儿去附近的公园观赏菊花。

大班活动 菊花的名片

【目标】

1.知道菊花有不同的种类和特征。

2.感受菊花的美。

3.能为不同种类的菊花设计名片。

【重点】

能为不同种类的菊花设计名片。

【难点】

设计的名片能包含该种类菊花的多方面内容（名称、特征等）。

【准备】

1.经验准备：到户外观赏菊花并与父母做关于菊花的记录表。

2.物质准备：幼儿带来菊花、纸、彩笔、黏土、绳子等美工材料。

【过程】

1.幼儿观察菊花的颜色、花瓣等特征，感知菊花的多样性。

（1）教师：寒露时节，菊花盛开。和大多数春夏盛开的花不同，菊花是反季节的花，越是霜寒露重，菊花越是开得最艳丽。这个时节，大家都喜欢去赏菊。上个周末，小朋友们也和爸爸妈妈到公园观赏了菊花，做了关于菊花的记录表，请你们与大家分享一下你们的记录表。

（2）幼儿分享自己记录表上的内容。

（3）教师（出示收集的几盆菊花）：这些菊花是班上几位小朋友带过来的，请他们分别说一说自己带来的菊花的特征，大家猜一猜是哪一盆。

（4）幼儿从菊花的颜色、花瓣等特征进行介绍，其他幼儿猜测。

（5）师幼共同小结：菊花有非常多的种类，不同的种类又有不同的颜色、不同形态的花瓣。

2. 自主操作，为菊花设计名片。

（1）教师：现在我们了解了菊花不同的种类和特征，请从记录表里或者几盆菊花里选择你最喜欢的菊花，为它设计一张名片。你会在名片上设计什么内容？

（2）幼儿讨论、交流名片上的设计内容。

（3）教师提供操作材料，幼儿自主为菊花设计名片。

3. 幼儿分享、介绍自己设计的名片。

（1）请幼儿分享自己的名片，介绍名片的内容。

（2）教师灵活评价，鼓励幼儿设计的多样性和内容的完整性。

【区域活动】

1. 将菊花投放到生活区，进行养护并记录。

2. 制作菊花种类、功效与用途的三步卡并投放到语言区，供幼儿认识与操作。

【延伸活动】

将设计好的名片和对应的菊花摆放到适当的地方，简单布置周围的环境，开一个小小的菊花展，供其他幼儿、教师和家长观赏。

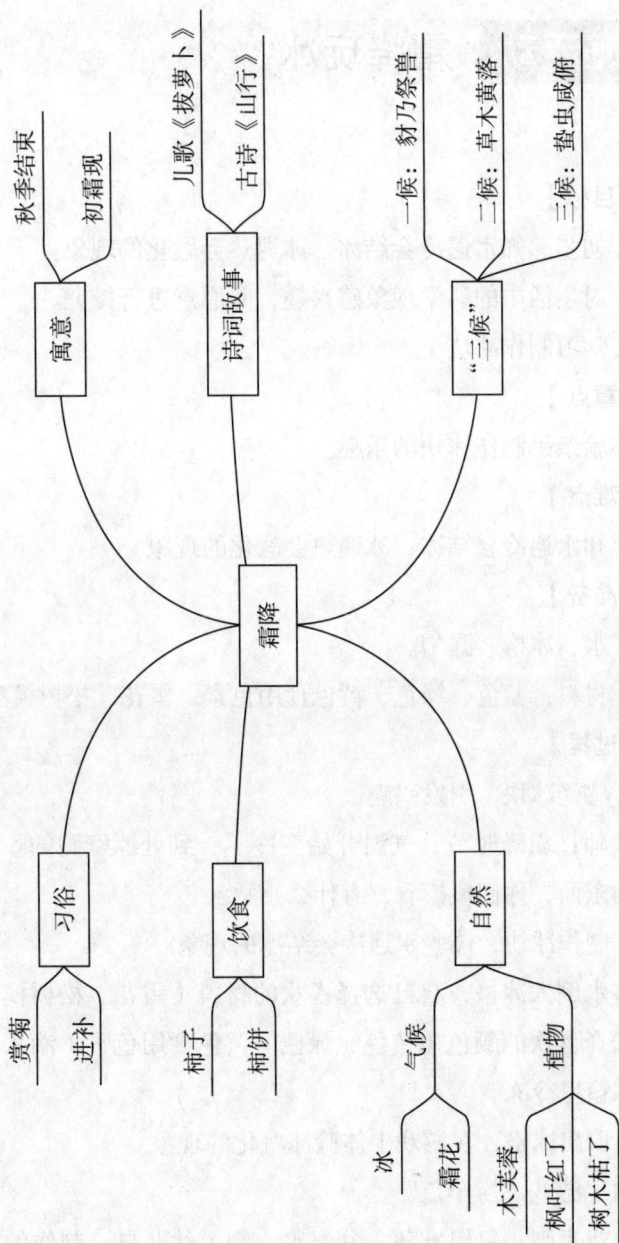

霜降

寓意
　秋季结束
　初霜现

诗词故事
　儿歌《拔萝卜》
　古诗《山行》

"三候"
　一候：豺乃祭兽
　二候：草木黄落
　三候：蛰虫咸俯

习俗
　赏菊
　进补

饮食
　柿子
　柿饼

自然
　气候
　　冰
　　霜花
　　木芙蓉
　植物
　　枫叶红了
　　树木枯了

133

小班活动 霜降玩冰

【目标】

1. 初步感知水遇冷会结冰、冰遇热会融化的现象。

2. 对生活中的科学现象感兴趣，并愿意进行探究。

3. 学习制作冰块。

【重点】

体验亲手制作冰块的乐趣。

【难点】

感知水遇冷会结冰、冰遇热会融化的现象。

【准备】

1. 水、冰格、漏勺。

2. 材料：蓝色、绿色、黄色食用色素，雪花、松树模型不织布。

【过程】

1. 感受冰块，引发兴趣。

教师：霜降时节，气温开始变冷了，到处凉飕飕的。今天老师带来了一样好玩的东西，你们摸摸看，有什么感觉？

2. 制作冰块，体验水遇冷会结冰的现象。

将水倒入冰格，自己选择喜欢的材料（雪花、松树模型不织布）放在格子内，选择喜欢的颜色（蓝色、绿色、黄色食用色素）滴入冰格内，然后将冰格放到冰箱里冷冻。

3. 取出冰格，在游戏中体验冰融化的现象。

（1）游戏"捞小鱼"。

游戏规则：每组准备一盆温水，倒入幼儿自己制作的冰块，幼儿拿着漏勺从水里捞冰块并放进碗里，看看谁捞的"小鱼"多。

（2）师幼共同小结：在"捞小鱼"时，可以观察到清水中出现颜色的痕迹，冻在冰块里的小雪花、小松树会散落出来，这个过程就是冰块融化的过程。

【区域活动】

在户外活动区进行打冰球游戏。

【延伸活动】

和爸爸妈妈一起观察水壶上的水蒸气、锅盖上的水珠，感受水的形态与温度的关系。

中班活动　拔萝卜

【目标】

1. 知道霜降是萝卜成熟的节气。

2. 喜欢参与歌唱表演活动，体会歌唱活动的乐趣。

3. 能想象和模仿歌曲中不同角色的动作。

【重点】

知道霜降是萝卜成熟的节气。

【难点】

能想象和模仿歌曲中不同角色的动作。

【准备】

1. 实物：萝卜。

2. 角色头饰。

3. 音频、视频《拔萝卜》。

【过程】

1. 以猜一猜的游戏方式引出主题：出示装有萝卜的托盘，并用布将其蒙上，激发幼儿参与活动的兴趣。

（1）教师：今天，老师带来了一样东西，想请小朋友们一起猜一猜是什么。（请幼儿摸一摸、看一看）

（2）教师揭晓答案，再次请幼儿近距离观看、触摸、闻。

2. 了解萝卜的生长方式以及收获方式。

（1）教师：孩子们，你们知道这是什么吗？它们是长在哪里的呢？

（2）教师：萝卜成熟了要怎么收获呢？

（3）师幼共同小结：这是萝卜，它们是生长在地底下的。到了霜降节气，就可以开始收获了。在收获萝卜的时候，要用力去把生长在地下的萝卜拔出来。

（4）教师：有一户人家种了很多萝卜，现在到了霜降节气就要开始收萝卜了，但是在收获萝卜的时候发生了一件事，我们一起来看看他们在收获萝卜的过程中发生了什么事。

3. 播放视频，幼儿欣赏儿歌。

教师提问：

（1）这首儿歌讲的是什么事情？在拔萝卜的时候发生了什么事？

（2）这户人家一共有多少人？他们分别是谁？

（3）这户人家养了什么动物？

（4）最先拔萝卜的是谁？拔萝卜的时候发生了什么事？找了谁来帮忙？（依次开展谈话）

4. 学习儿歌《拔萝卜》。

（1）教师清唱儿歌《拔萝卜》两遍，幼儿熟悉歌曲。

（2）播放歌曲，幼儿轻声学唱。

（3）教师重点教唱儿歌第一段，并加入拔的动作。

5. 幼儿了解与模仿儿歌中不同角色的动作，并尝试进行表演。

（1）了解儿歌中各个角色的行走动作。

提问：老公公、老婆婆、小姑娘、小黄狗、小花猫走路是什么样子的？你觉得他们说话的方式是什么样子的呢？（幼儿模仿不同角色走路的样子及说话的语调）

（2）幼儿尝试进行表演。

教师与幼儿一起讨论儿歌中出现的角色的形象特征后，带领幼儿完整地表演一遍，加深对角色形象的巩固。

6. 角色表演。

幼儿自由组合并商量角色的分配，讨论完成后，表演者戴上头饰进行表演。

7.初步了解萝卜的功效和用途。

（1）教师：哇，大萝卜被拔出来了。这么大的一个萝卜，你会拿来做什么？

（2）师幼共同小结：萝卜是非常有营养的蔬菜，含有多种维生素和丰富的碳水化合物，萝卜还有增强肌体免疫力的功效。萝卜可以炒着吃，也可以煮成非常鲜美的汤、做成非常美味的萝卜糕，等等。

【区域活动】

在表演区设立一个可供幼儿进行表演的小舞台，并提供播放音乐的设备以及相关角色的头饰。

【延伸活动】

与家人一起亲手制作有关萝卜的美食，并进行品尝。

附：儿歌

拔萝卜

拔萝卜，拔萝卜。嘿哟嘿哟，拔萝卜，嘿哟嘿哟，拔不动。老太婆，快快来，快来帮我们拔萝卜。

拔萝卜，拔萝卜，嘿哟嘿哟，拔萝卜，嘿哟嘿哟，拔不动。小姑娘，快快来，快来帮我们拔萝卜。

拔萝卜，拔萝卜。嘿哟嘿哟，拔萝卜，嘿哟嘿哟，拔不动。小黄狗，快快来，快来帮我们拔萝卜。

拔萝卜，拔萝卜。嘿哟嘿哟，拔萝卜，嘿哟嘿哟，拔不动。小花猫，快快来，快来帮我们拔萝卜。

大班活动 创意树枝

【目标】

1.知道可以用树枝创作出许多美丽的手工艺品。

2.感受艺术活动的多样性，体验创作的乐趣。

3.能用剪、切、缠绕、绑、涂色等方式对树枝进行加工和装饰。

【重点】

利用树枝创作出美丽的手工艺品。

【难点】

能用剪、切、缠绕、绑、涂色等方式对树枝进行加工和装饰。

【准备】

1.经验准备：霜降时节，很多树枝已经慢慢枯萎掉落，教师带领幼儿去树下捡掉落的树枝，幼儿已学会缠绕、捆绑树枝的技巧，并且会使用工具。

2.物质准备：各种粗细、长短不一的小树枝和大树枝，毛线、细绳、颜料、颜料盘、细排笔、剪刀、刻刀、小锯齿等。

【过程】

1.出示材料，引起幼儿的兴趣。

教师：你们认识这些材料和工具吗？（引导幼儿说出各种材料名称）

分别是什么？（区分材料和工具）

树枝有什么不一样？（引导幼儿从大小、粗细、长短来说）

2.幼儿分组进行装饰树枝，教师讲解操作要点。

教师：现在请小朋友们根据自己的兴趣自由选择分成四组，分别来加工和装饰这些树枝。

（1）涂色组：将树枝按规律涂上不同的颜色；颜料不用加水，换一种颜色就换一支笔。

（2）缠绕组：可以用不同颜色的毛线将树枝绕成不同的色块；毛线的开头和结尾处需要特别加固，在缠绕时要沿着一个方向一条挨着一条不留空隙密密地缠绕。

（3）粘贴装饰组：将树枝粘贴在卡纸上组合成各种造型进行添画创作等；根据树枝的粗细决定用双面胶还是泡沫胶，再进行添画。

（4）捆绑组：将树枝捆绑做成吊饰及风铃等；如果捆绑有难度，可以找教师帮忙。

3.幼儿分组选择材料进行创作，教师巡回指导。

（1）将树枝拿到户外进行创作，提醒幼儿商量好分工后，再取材料。

（2）提醒幼儿在遇到困难时，尽量自己想办法解决，实在解决不了的，可以找教师帮忙。

4.活动总结。

（1）教师：在操作的过程中，你们遇到了什么困难？是怎么解决的？在这次活动中，你们学会了什么技能？

（2）为自己的树枝作品取名，并邀请同伴和教师欣赏，向大家介绍自己的作品。

【延伸活动】

将幼儿的树枝作品展示在霜降节气桌上。

冬 季 节 气

一、冬季节气活动特点

冬季，天气转冷，万物进入休养、收藏状态，而冬季南北方的气候特点差异很大。在冬季的立冬、小雪、大雪、冬至、小寒、大寒六个节气中，南方经常会出现阳光明媚的天气，到处仍是绿树成荫，生活在南方的幼儿很难有机会看到雪。

在冬季节气活动当中，幼儿尝试使用多种不同的材料和工具，通过自己的办法去创作表现冬季节气的气候环境特点和体验冬季节气的习俗。例如，幼儿通过立冬种植豌豆并记录，小雪制作糍粑、腌菜，学习测量温度，大雪制冰制霜、保护大树，冬至观察记录日出日落时间，小寒学习古诗词、煮糯米饭，大寒布置春节环境等活动，在实际操作中进一步深入了解冬季节气的魅力。

在冬季，幼儿还能体验元旦节、腊八节、除夕和春节等中国传统节日，在感知操作中加深了对传统节日习俗与经典文化的了解。

二、主题目标

（一）小班主题目标

1. 健康

（1）学会正确擦鼻涕的方法，养成良好的卫生习惯。

（2）尝试自己穿脱衣服或鞋袜。

（3）了解冬季节气中的特色食物，喜欢品尝节气美食。

（4）能熟练使用勺子独立进餐，养成不挑食的习惯。

（5）喜欢参加体育活动。

2. 语言

（1）学会正确的翻书方法，知道书的结构，爱护图书。

（2）了解有关冬季节气的绘本，喜欢听绘本故事。

（3）能使用礼貌用语，愿意开口说、敢说、喜欢说。

（4）能在成人的提示下倾听同伴及教师的讲话，并能积极做出回应。

（5）喜欢阅读，能根据画面内容运用简单句将其表达出来。

3. 社会

（1）能遵守游戏规则，体验游戏带来的乐趣。

（2）爱护玩具，不争抢玩具。

（3）愿意参加区域游戏和其他游戏活动，感受游戏带来的乐趣。

（4）能够感受家庭的温暖亲情，能和认识的朋友及长辈主动打招呼。

（5）学会做自己力所能及的事情。

4. 科学

（1）认识常见的动物，了解小动物如何过冬。

（2）初步了解冬季开花的植物。

（3）喜欢接触大自然，对周围的事物感兴趣，有好奇心与探究欲望。

（4）体验季节的变化，初步感知冬季的特征，体验冬季生活的乐趣。

5. 艺术

（1）能经常哼唱简单的歌曲，体验欢快的节奏带来的喜悦感。

（2）喜欢听音乐，能跟着熟悉的音乐做简单的身体律动。

（3）能进行简单的涂色，在涂色过程中感受不同的色彩。

（4）利用自然材料进行绘画、手工创作。

（5）学习使用剪刀，会剪直线，边线基本吻合。

（二）中班主题目标

1. 健康

（1）认识冬季节气的食物并了解其制作过程。

（2）通过推、跑、跳来提升动作的协调性。

（3）喜欢参与冬季节气体育活动，体验活动带来的乐趣。

（4）在情绪激动时，能在成人的提醒下逐渐平静下来。

（5）能正确地使用剪刀，沿轮廓线剪出由直线构成的简单图形。

（6）能自己穿脱衣物、扣纽扣。

2. 语言

（1）理解冬季节气的绘本故事，获得阅读的乐趣。

（2）能随着作品的展开而产生喜悦、担忧等相应的情绪反应。

（3）结合故事情景，感知不同语气、语调所表达的不同意思。

（4）能清楚地向教师、家长、同伴表达自己的感受和需要。

（5）愿意与同伴交谈，体验语言交往的乐趣。

3. 社会

（1）通过冬季节气节日的民俗活动，感受我国传统文化的魅力。

（2）了解我国少数民族的特点及其习俗。

（3）在成人的提醒下，能爱护环境和节约资源。

（4）在日常生活和游戏中，能够遵守基本规则。

（5）学习与同伴合作解决简单的问题。

（6）能爱护自己的班集体，愿意向别人介绍自己的班级和幼儿园。

4. 科学

（1）认识和了解冬季的气候特征与自然现象。

（2）了解冬季植物的生长特点和动物的生活习性。

（3）愿意接触新事物，探索物体和材料，并乐在其中。

（4）能感知和区分物体的粗细、厚薄、轻重，并能用相应的词语将其描述出来。

（5）学会通过观察温度计来记录冬季温度的变化。

5. 艺术

（1）能通过音乐、绘画等形式表现自己对冬季节气的理解和感受。

（2）能通过即兴哼唱、即兴表演来表达自己的心情。

（3）喜欢随着音乐的节奏和情绪模仿动作、跳舞及游戏。

（4）在美术作品中大胆表达自己的情感，并从中获得愉快的情绪体验。

（5）能用美术作品或肢体语言等表达常见动植物及其他物体美的方面。

（三）大班主题目标

1. 健康

（1）能在较冷的户外环境中连续活动半小时以上。

（2）能利用不同的材料和工具参与冬季体育游戏。

（3）体会传统冬季节气体育游戏的乐趣。

（4）能躲避他人滚过来或扔过来的雪球。

（5）愿意参与冬季节气美食的制作过程。

（6）熟练掌握使用筷子、简单劳动工具的方法。

（7）爱护环境卫生，自觉维护周围环境的清洁。

（8）能够根据天气变化主动增减衣物。

2. 语言

（1）在阅读冬季节气绘本过程中注意倾听并做出回应。

（2）能准确、流利地朗读冬季节气古诗，感受古诗表达的意境。

（3）学习用短句表达自己对各种气候环境变化的认识和感受。

（4）对语言活动内容感兴趣，能用流畅的语言表达出自己的想法。

（5）能根据故事情节或图书画面的线索猜想故事情节的发展，或续编、创编故事。

3. 社会

（1）主动与他人一起分享自己认识的冬季节气特点。

（2）能主动发起冬季游戏探究活动。

（3）能与同伴一起制作冬季节气美食，体验合作的快乐。

（4）懂得遵守游戏规则，愿意与同伴一起游戏。

（5）尊重和接纳南北方不同环境产生的差异。

（6）尊重为大家提供服务的人，珍惜他们的劳动成果。

（7）尊重和关心长辈，为长辈做一些力所能及的事情。

4. 科学

（1）初步了解人们的生活与自然环境的密切关系，知道尊重和珍惜生命，保护环境。

（2）喜欢对未知事物进行积极提问，有强烈的好奇心和探索欲望。

（3）大胆进行关于冬季节气的各种科学活动的探究和尝试。

（4）动手参与种植活动，能用数字、图画、图表或其他符号记录相关信息资料。

（5）能通过观察、比较与分析，发现并描述南北方冬季气候的不同。

（6）能感受冰块的各种特征，了解水的三种形态之间的关系。

（7）感知不同的取暖工具，学会安全的使用方法。

5. 艺术

（1）了解年画的基本表现手法和知识。

（2）愿意参加各种艺术活动，并用表情、动作、语言等方式表达自己的想法。

（3）能运用多种艺术形式表现自己对冬季的喜爱和认识。

（4）能自编自演故事，并为表演选择和搭配简单的服饰、道具或布景。

（5）能用自己制作的美术作品布置环境、美化生活。

三、活动内容、亲子活动和环境创设

节气	年级	活动内容	亲子活动	环境创设
立冬	小班	1. 认识立冬。 2. 包饺子	1. 请家长鼓励幼儿在家独立进餐。 2. 幼儿与家长一起在家进行种植豌豆的活动，每天进行观察，并做好相关记录。 3. 请家长与幼儿一起包饺子，尝试制作立冬的各种美食	1. 墙饰：整体以蓝白色调为基础，体现冬季天气变冷的氛围，用胶水和泥沙表现冻土以及水结冰的形态。 2. 节气桌：冬麦、油菜、倭瓜、大蛤、饺子等，摆设豌豆架子，展示冬季服装。 3. 区域材料： 科学区：温度计。 语言区："天子出郊迎冬"故事书、立冬"三候"三步卡、立冬谚语词卡。 生活区：豌豆生长图片、各种外套、蔬菜、水果刀、砧板、杂粮若干、电饭锅等
	中班	1. 立冬。 2. 动物过冬。 3. 搭豌豆架子	1. 请家长与幼儿一起感受立冬节气和节日的风俗，并共同制作相关的食物——饺子。 2. 亲子进行搭豌豆架子的农事活动，观察豌豆的生长情况，并做观察记录	
	大班	1. 贺冬拜师。 2. 南北方冬天的差异。 3. 音乐《冬日的散步》	1. 请家长配合让幼儿在家使用筷子进餐。 2. 幼儿与家长一起在家进行种植豌豆的活动，并每天进行观察、记录。 3. 亲子体验挤油渣游戏	

续 表

节气	年级	活动内容	亲子活动	环境创设
小雪	小班	1. 小雪来了。 2. 下雪了	1. 请家长与幼儿在旅游时到北方感受小雪的气候特征，发现小雪与其他节气的不同之处。 2. 请家长与幼儿共同收集各种关于冬季动植物的图片，了解动物过冬的方法	1. 墙饰：以扎染的各种雪花的材料进行背景布置，体现小雪节气多雨、天气阴冷的特点。 2. 节气桌：腌腊肉、鱼干、腌菜、糍粑等小雪节气的食材，温度计。 3. 区域材料：
	中班	1. 走进小雪。 2. 软软糯糯的糍粑。 3. 歌曲《堆雪人》	1. 请幼儿和家长一起制作糍粑等节气食物，感受制作食物的乐趣。 2. 请家长带幼儿观察冬季植物的变化，如树的变化。 3. 请家长与幼儿一起观察日常生活中食物保存的不同方法，并了解从过去到现在食物保存方式的发展过程	科学区：雪花图片、变雪的材料等。 语言区：特色建筑书籍、小雪"三候"三步卡、小雪谚语词卡。 美工区：白纸、泡沫、盐等和雪花有相似特征的材料，扎染的材料和工具。 生活区：糯米、蒸锅等制作糍粑的材料
	大班	1. 腌菜。 2. 绘本《冬天的温妮》。 3. 各式各样的居民建筑	1. 亲子收集各种不同地区的人们居住的特色建筑图片、书籍。 2. 请家长在家里准备一个温度计，和幼儿一起记录每天的温度	
大雪	小班	1. 认识大雪。 2. 雪地里的小脚印	1. 请家长鼓励幼儿学习自己擦鼻涕的方法，加强幼儿的自理能力。 2. 亲子在家制作冰块，观察冰的融化	1. 墙饰：用泡沫颗粒装点模拟下大雪的场景；打雪仗、赏雪景的情景。 2. 节气桌：腌腊肉、马兰花、冰糖葫芦，彩泥制作的冬眠的动物。 3. 区域材料： 科学区：植物的种子、冬眠动物的图片、青蛙生长图、温度计。 美工区：制作窗花的材料，绘画、涂色的画纸、彩笔、橡皮泥、颜料、筷子、石头、调色盘、宣纸、鞋盒、小盆；短截的干树枝、干花、圆木片、麻绳、各类包装纸
	中班	1. 美味的萝卜丸子。 2. 打雪仗。 3. 美丽的雪花	1. 亲子共同收集冬日雪景和雪地游戏的图片及视频。 2. 了解红薯的外部特征以及烹饪方法。 3. 亲子尝试用各种方式制作雪花	
	大班	1. 保护大树。 2. 保暖的衣物。 3. 下雪了	记录家里不同的取暖工具	

节气	年级	活动内容	亲子活动	环境创设
冬至	小班	1. 冬至到。 2. 做汤圆	1. 请家长和幼儿一起了解冬至是中国的传统节日，冬至有做汤圆的习俗。 2. 请家长引导幼儿学习穿脱冬装外套	1. 墙饰：九九消寒图。 2. 节气桌：用软陶泥做的饺子、米团、长线面等。 3. 区域材料： 科学区：地球仪、手电筒。 语言区：马扎尔人的卡拉琼日故事书，《数九歌》。 美工区："数九歌"故事的绘画材料和工具。 数学区：根据不同年龄段设置0～9的数字点数、配对等
	中班	1. 冬至节。 2. 圆圆的汤圆	1. 请家长在周末或节假日与幼儿一起乘坐不同的公共交通工具。 2. 请家长定期为幼儿测量体重并记录，观察体重变化	
	大班	1. 九九消寒图。 2. 日出日落。 3. 音乐《冬爷爷的礼物》	1. 请家长和幼儿一起每天早起，观察早晚的日出变化，并记录下日出日落的时间。 2. 请家长引导幼儿在家尊重长辈，帮长辈做一些力所能及的事情	
小寒	小班	1. 小寒到。 2. 找冬天。 3. 古诗《梅花》	1. 请家长和幼儿一起了解小寒节气与传统习俗。 2. 请家长和幼儿一起观察梅花，了解梅花的特点，知道梅花在冬天开花。 3. 请家长和幼儿一起煲腊八粥	1. 墙饰：以"一候雁北乡，二候鹊始巢，三候雉始鸲"的小寒"三候"创设情境。 2. 节气桌：腊八粥的材料（黄米、白米、江米、小米、菱角米、栗子、红豇豆、去皮枣泥、桃仁、杏仁、瓜子、花生、榛穰、松子、白糖、红糖、琐琐葡萄），窗花等。 3. 区域材料： 美工区：稻草、榕树条等制作鸟巢的材料；剪窗花的工具。 生活区：制作腊八粥的材料
	中班	1. 小寒。 2. 剪窗花。 3. 糯米饭	幼儿和家长收集冬季动物冬眠的图片，并带回班级放在区角进行操作	
	大班	1. 拉雪橇。 2. 冰雕	请家长带幼儿去北方感受雪景，体验与雪有关的游戏（滑冰、滑雪、打雪仗等），并拍摄雪景的照片带回班级和大家一起分享	
大寒	小班	1. 腊八粥的故事。 2. 漂亮的窗花	1. 请家长与幼儿用不同方式了解冬季开花的植物。 2. 请家长鼓励幼儿积极参与冬天的运动。 3. 亲子探索冬日变暖的小妙招	1. 墙饰：结合过年的习俗，用大红灯笼、中国结、窗花等物品创设喜庆的过年氛围。

节气	年级	活动内容	亲子活动	环境创设
大寒	中班	1. 天气的变化。 2. 快乐迎新年。 3. 大红鞭炮	1. 亲子实验：水是怎么结成冰的？ 2. 请家长与幼儿在家一起制作简易的皮影戏道具，并共同表演	2. 节气桌：芝麻秸、糖果、清水、料豆、秫草等。 3. 区域材料： 语言区：过年的故事集，民间十大风俗三步卡。 美工区：红色纸、卷鞭炮的步骤图。 生活区：扫把、抹布等清洁工具
	大班	1. 孵小鸡。 2. 认识日历。 3. 年画	1. 请家长和幼儿一起收集冬天不同食物的储存方法，并记录下来。 2. 家里摆放日历，让幼儿每天撕掉一页，认识当天的时间	

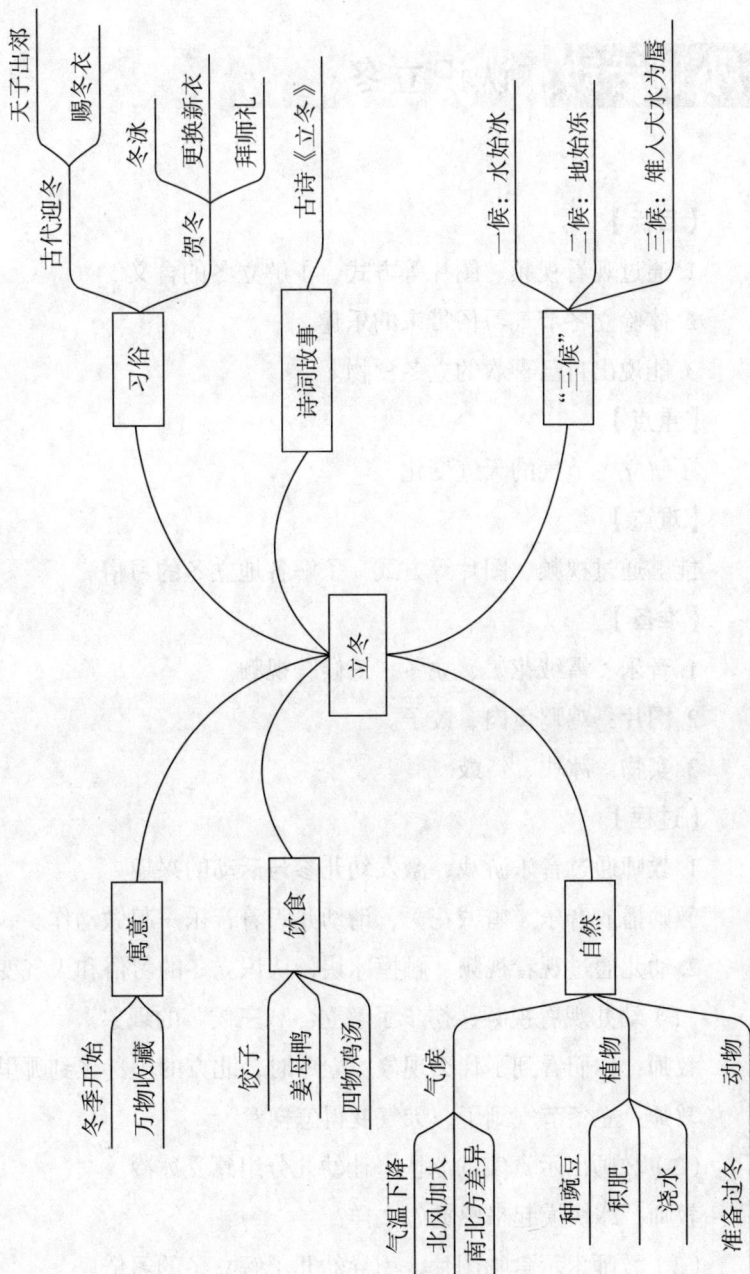

立冬

习俗
古代迎冬
天子出郊
赐冬衣
贺冬
冬泳
更换新衣
拜师礼

诗词故事
古诗《立冬》

"三候"
一候：水始冰
二候：地始冻
三候：雉人大水为蜃

寓意
冬季开始
万物收藏

饮食
饺子
姜母鸭
四物鸡汤

自然
气候
气温下降
北风加大
南北方差异
植物
种豌豆
积肥
浇水
动物
准备过冬

小班活动　认识立冬

【目标】

1. 通过观看视频、图片等方式，了解立冬的含义。

2. 体验立冬节气习俗带来的乐趣。

3. 能说出自己喜欢的立冬食物。

【重点】

了解立冬节气的天气变化。

【难点】

能够通过视频、图片等方式，了解各地立冬的习俗。

【准备】

1. 音乐《雪绒花》、立冬"三候"视频。

2. 图片：鸡鸭鱼肉、饺子。

3. 实物：冰块、铃鼓。

【过程】

1. 教师通过音乐游戏，激发幼儿参与活动的兴趣。

教师播放音乐《雪绒花》，请幼儿跟着音乐一起做动作。

2. 幼儿通过观看视频、触摸冰块，认识立冬的习俗和天气变化。

（1）幼儿观看视频，初步了解立冬"三候"的现象。

教师：你们看到了什么现象？立冬时，北方的小鸟飞到哪里去了？

教师：立冬节气到了，天气变得怎样？

（2）教师出示真实的冰块，让幼儿分组感受冰冷。

教师：冰块摸起来感觉怎么样？

（3）教师出示食物图片，引导幼儿了解立冬的习俗。

教师：立冬节气到了，为什么很多人喜欢吃饺子？你们还喜欢吃什么？为什么？

师幼共同小结：立冬节气，在北方，人们爱吃饺子，因为水饺外形似耳朵，人们觉得吃了它，冬天耳朵就不怕冻了。在南方，人们爱吃鸡鸭鱼肉，这些都是温热进补的食物，多吃不仅能使人的身体暖和，还可以变得更强壮。

（4）教师组织幼儿玩"传娃娃"游戏，让幼儿说说自己喜欢吃的食物。

玩法：幼儿围坐成圆形，教师拍铃鼓让幼儿传娃娃，铃鼓停止时，传到娃娃的幼儿站起来告诉大家自己喜欢吃的食物。

3. 师幼共同小结：立冬是冬天的开始，很多地方开始结冰，大雁和燕子都飞到南方过冬了。天气变冷了，大家要注意多穿衣服保暖，还要多进行户外活动，锻炼身体，预防感冒。

【区域活动】

1. 在娃娃家可投放立冬食物模型，供幼儿操作。

2. 在科学区可投放需要冬眠的小动物图片。

【延伸活动】

1. 请幼儿回家与爸爸妈妈分享立冬的知识，并一起探索立冬还有哪些习俗。

2. 幼儿可以和父母一起包饺子。

中班活动 立冬

【目标】

1. 认识立冬节气，知道立冬节气的气候特点和习俗。

2. 体验探索南北方冬天差异的乐趣。

3. 能说出南北方冬天的差异。

【重点】

认识立冬节气，知道立冬节气的气候特点和习俗。

【难点】

能说出南北方冬天的差异。

【准备】

1. 经验准备：幼儿对立冬节气有初步的了解。

2. 物质准备：

（1）立冬节气PPT。

（2）画纸、彩笔若干。

（3）提前与身处北方的亲朋好友沟通视频连线事宜。

【过程】

1. 教师出示幼儿夏季与冬季户外活动的照片，引发幼儿的讨论。

教师：小朋友们，这两张照片有什么不同？为什么它们会有这些不同？

师幼共同小结：在夏天时，天气很热，我们穿着短袖、短裤等轻便、凉快的衣服。到了冬天，天气开始变冷，我们换上了毛衣、外套等厚重、暖和的衣服。

2. 教师播放立冬节气PPT，介绍立冬节气的气候特点和习俗。

（1）教师介绍立冬节气的含义。

教师：小朋友们，立冬节气到了。立冬节气是冬天的第一个节气，立冬节气是冬季的开始，立冬节气到了，就代表着冬天开始了。

（2）教师播放立冬节气PPT，介绍立冬节气的气候特点和习俗。

教师：小朋友们，你们看到了什么？图片上的人们在做什么？

师幼共同小结：过了立冬节气，冬天就来了，这时气温会逐渐下降。在立冬节气，人们会杀鸡宰羊进补，这叫"补冬"，还会在立冬这一天吃饺子。人们认为吃了饺子，冬天耳朵就不会受冻。

3. 师幼共同前往户外，寻找南方的冬天。

（1）师幼共同前往户外，寻找冬天。

教师：过了立冬节气，就代表冬天来了。我们一起到户外去找一找冬天。

（2）师幼讨论，总结南方冬天的特点。

教师：小朋友们，你们看到的冬天是什么样子的？我们生活在什么地方？

师幼共同小结：我们生活在珠海，在中国的南方。南方的冬天气温会下降，树叶、小草会变得枯黄，但是树叶不会完全掉落。

4. 教师与身处北方地区的亲朋好友视频连线，幼儿通过视频连线的方式感知北方的冬天。

教师：我们一起寻找了南方的冬天，现在，我们一起来看看北方的冬天是什么样子的。小朋友们，你们看到了什么？北方的冬天是什么样子的？与我们南方的冬天有什么不同？

师幼共同小结：北方的冬天比南方的冬天更冷。到了冬天，北方会下雪，人们会堆雪人、打雪仗；湖泊、河流会结冰，树上的叶子都掉光了，大树光秃秃的。

5. 师幼共同总结南北方冬天的差异，幼儿绘制南北方冬季对比图。

（1）师幼共同总结南北方冬天的差异。

教师：小朋友们，北方和南方的冬天有什么一样的地方？有什么不一样的地方？

师幼共同小结：到了冬天，南方和北方的气温都会下降，人们会穿上厚厚的冬装。北方的冬天会下雪，湖泊、河流会结冰，大树的树叶会掉落，只剩下枝干；南方的冬天比北方的冬天暖和，南方的冬天不会下雪，树叶也不会完全掉落。

（2）幼儿绘制南北方冬季对比图。

教师：请小朋友们分别画出南方的冬天和北方的冬天。

6. 幼儿作品展示，结束活动。

【区域活动】

1. 在科学区投放南北方冬季差异图。

2. 在人文区投放立冬介绍小书。

3. 在美工区投放超轻彩泥，供幼儿制作饺子。

【延伸活动】

1. 如果条件允许，请家长利用寒假，与幼儿一起前往北方地区亲身感受北方的冬天。

2. 请幼儿与家长在家进食"补冬"食物、吃饺子。

大班活动 贺冬拜师

【目标】

1. 知道贺冬拜师是立冬的传统民俗活动之一。

2. 与同伴共同布置贺冬拜师活动的环境并进行贺冬拜师活动。

3. 通过拜师活动，加强对教师的尊敬和喜爱。

【重点】

知道贺冬拜师是立冬的传统民俗之一。

【难点】

体验贺冬拜师活动，能尊重教师。

【准备】

1. 经验准备：幼儿有泡茶的经验。

2. 物质准备：

（1）幼儿和家长提前收集贺冬拜师活动的材料。

（2）贺冬拜师活动的视频，每位幼儿穿上新衣，茶具、茶叶、热水等。

【过程】

1. 教师通过提问，唤起幼儿对立冬的经验。

教师：现在是几月？这个月份到了什么节气？

2. 教师播放贺冬拜师活动的视频，了解有关贺冬拜师活动的知识。

教师：立冬节气有什么民俗？他们都做了些什么？幼儿根据视频内容进行
回答。

教师：我们也要开展一场贺冬拜师活动，你们都准备了什么材料？

幼儿展示从家里带来的贺冬拜师活动材料，并介绍其用途。

3. 幼儿用提前准备好的材料进行贺冬拜师活动场景布置。

4. 教师引导幼儿讨论，教师平时的工作情景和让幼儿感动的事情，引导幼儿通过表达感知教师的辛苦和对幼儿的喜爱。

教师：贺冬拜师活动就是在立冬节气，通过一些仪式进行庆贺，以表示对老师的尊敬。老师们工作时都会做什么？老师是怎么爱你们的？

5. 幼儿通过贺冬拜师活动敬茶，体验贺冬拜师活动的庄严，表达对教师的尊敬。

教师在确保幼儿安全的前提下，引导幼儿按照已有经验进行泡茶，并向班级几位教师敬茶，体验贺冬拜师活动。

6. 师幼小结贺冬拜师活动，进一步巩固幼儿对贺冬拜师活动的了解。

【区域活动】

在茶艺区提供茶具、茶叶、煮水工具，让幼儿在区域活动中进一步体验泡茶。

【延伸活动】

亲子共同收集有关立冬办学活动的资料，并带回幼儿园来和同伴分享。

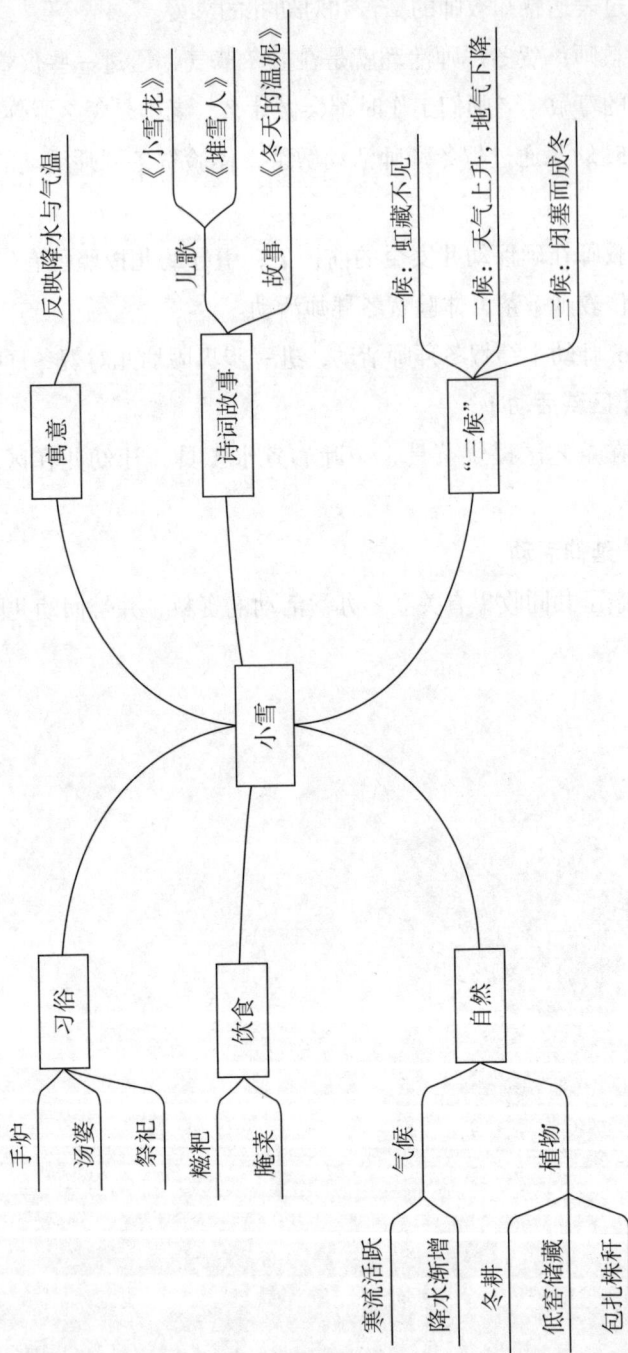

小雪

小雪

寓意 —— 反映降水与气温

诗词故事
- 儿歌
  - 《小雪花》
  - 《堆雪人》
- 故事 —— 《冬天的温妮》

"三候"
- 一候：虹藏不见
- 二候：天气上升，地气下降
- 三候：闭塞而成冬

习俗
- 手炉
- 汤婆
- 祭祀

饮食
- 糍粑
- 腌菜

自然
- 气候
  - 寒流活跃
  - 降水渐增
- 植物
  - 冬耕
  - 低�储藏
  - 包扎株秆

小班活动　小雪来了

【目标】

1. 了解小雪节气的相关习俗。

2. 体验小雪节气习俗带来的乐趣。

3. 能够根据小雪的谚语进行相应的种植活动。

【重点】

感受小雪节气带来的气候变化。

【难点】

能够根据小雪的谚语进行相应的种植活动。

【准备】

1. 小雪习俗PPT。

2. 香葱头和蒜头若干。

3. 小铲子、喷壶。

【过程】

1. 教师用猜谜语的形式导入活动，激发幼儿的兴趣。

教师：小小白花天上栽，一夜北风花盛开。千变万化六个瓣，飘呀飘呀落下来。请小朋友们猜一猜谜底是什么？

2. 教师出示PPT，引导幼儿认识小雪的习俗。

教师：小雪节气时天气怎么样？小雪时，各地人们喜欢吃什么？

教师：小雪时节，北方有些地方已经开始下雪了，但是因为雪下得比较小，地面上又无积雪，所以这个节气就叫小雪。小雪过后，要添加厚实的冬衣保暖，还要加强身体锻炼。

教师：小雪时节，很多地方有腌菜、吃糍粑的风俗，大家要多吃黑豆、黑木耳、鲫鱼等食物。

3. 幼儿初步了解有关小雪的谚语：小雪雪漫天，来年必丰产。果园清得净，来年无病虫。

教师：你们知道这个谚语的意思吗？（如果小雪期间下雪，第二年农民伯伯的庄稼就会长得好，果树也没有虫子咬，能结出很多果实）

4. 教师组织幼儿种植蒜苗和香葱，结束活动。

（1）教师：你们知道怎样种蒜苗和香葱吗？需要什么工具呢？

（2）引导幼儿到种植园种植蒜苗和香葱，按照以下方法种植：铲子松土—挖坑—把蒜头放进坑里—用土盖好蒜头或者香葱头—浇水。

【区域活动】

在美工区投放小雪的食物图片。

【延伸活动】

幼儿和家人一起在家里种植蒜苗和香葱。

中班活动　走进小雪

【目标】

1. 了解小雪节气的气候特点。

2. 感受诗歌的韵律美，激发探究节气的兴趣。

3. 用好听的声音朗诵诗歌。

【重点】

了解小雪节气的气候特点。

【难点】

朗诵诗歌并感受诗歌的韵律美。

【准备】

1. 古诗《小雪》音频。

2. 《小雪》PPT课件。

3. 儿歌《小雪花》。

【过程】

1.教师以歌曲进行导入活动，引导幼儿识别小雪节气。

（1）教师播放《小雪花》歌曲，请幼儿猜想这首歌曲与什么节气有关。

教师：从刚刚的歌曲里，你们听到了什么？这首歌曲和哪个节气有关？

（2）教师提问，幼儿回顾小雪节气的知识。

教师：你们还记得小雪的习俗有哪些？（幼儿充分表达）

2.教师播放《小雪》PPT课件，幼儿了解小雪节气的气候特点和习俗。

（1）教师：小雪节气的气候特点是什么？（在小雪节气里，天气阴冷晦暗，光照较少）

（2）教师：小雪节气的习俗有哪些？（腌制腊肉、品尝糍粑、储存蔬菜等）

3.幼儿欣赏古诗《小雪》，理解故事的内容。

教师：小雪节气除了以上这些特点外，古人也创作了很多古诗来描述小雪，我们一起来感受一下吧。

（1）教师播放古诗《小雪》音频，引导幼儿感受古诗的韵律。

教师以"你们听到了古诗里哪些内容"，引导幼儿倾听古诗三遍。

（2）教师讲解古诗《小雪》表达的意思，帮助幼儿感知和理解古诗。

（3）幼儿尝试跟读或者朗诵诗歌。

4.师幼录制视频，活动结束。

集体录制古诗《小雪》的朗诵视频，并分享给爸爸妈妈观看。

【区域活动】

在语言区投放关于小雪的古诗和图片。

【延伸活动】

幼儿对古诗《小雪》进行自主动作创编，并能一起亲子表演。

附：古诗

小雪

唐·戴叔伦

花雪随风不厌看，更多还肯失林峦。

愁人正在书窗下，一片飞来一片寒。

大班活动 | 腌菜

【目标】

1. 了解小雪节气腌菜的民间习俗。

2. 能尝试动手制作腌菜。

3. 体验动手制作的乐趣和成就感。

【重点】

了解腌菜的制作方法。

【难点】

尝试动手制作腌菜。

【准备】

1. 腌菜坛子、大白菜、石臼、石杵、盐等腌菜工具。

2. 制作腌菜的视频。

3. 做好的腌菜。

【过程】

1. 教师出示腌菜，请小朋友观察、闻味、品尝，引出小雪节气腌菜的民间习俗。

（1）教师：小雪节气，天气变冷，在寒冷的北方，地里的蔬菜会被冻坏，我们有没有办法解决这个问题呢？（幼儿自由讨论冬天能吃到蔬菜的办法）

（2）教师出示腌菜，幼儿通过多种感官发现腌菜的特点。

教师：老师这里有一种菜，请你们看一看、摸一摸、闻一闻、尝一尝，这种菜和我们平时看到的蔬菜有什么不同？

2. 幼儿观看制作腌菜的视频，激发制作的欲望。

教师：古代的人们非常有智慧，尝试对蔬菜进行加工，能够更好地保存蔬菜。请你们看看视频，说一说古代人是用什么办法加工蔬菜的。

3. 幼儿讨论总结制作腌菜的方法和准备材料。

教师：原来古代人会把蔬菜进行腌制，这样等到天气更冷的时候，也有蔬菜可以下饭，让我们一起尝试着制作腌菜。请你们说一说，制作腌菜需要准备哪些材料？制作腌菜的方法是怎样的？

4. 师幼共同尝试制作腌菜。

（1）清洗蔬菜并对半切开。

（2）把蔬菜腌制在浓度15%的盐水里。

（3）幼儿尝试在石臼里用木棍将蒜和姜捣碎成泥。

（4）将腌渍好的蔬菜和姜蒜泥放到密封的容器里。

（5）放在阴凉通风处保存。

5. 师幼总结升华经验。

教师：小朋友们都学会了腌菜的制作方法。现在腌菜要在阴凉通风的地方保存一段时间，中途不能随意打开，让我们耐心地等待。古代人制作腌菜是为了保存蔬菜，如今科技更加发达，有了更多保存蔬菜的方法，现在的腌菜是一种加工技术，也是人们饭桌上的一道美食。

【区域活动】

在生活区提供石臼、石杵，让幼儿练习用其捣碎各种不同的材料。

【延伸活动】

待腌菜制作完毕，请幼儿将腌菜带回家和家人一起分享。

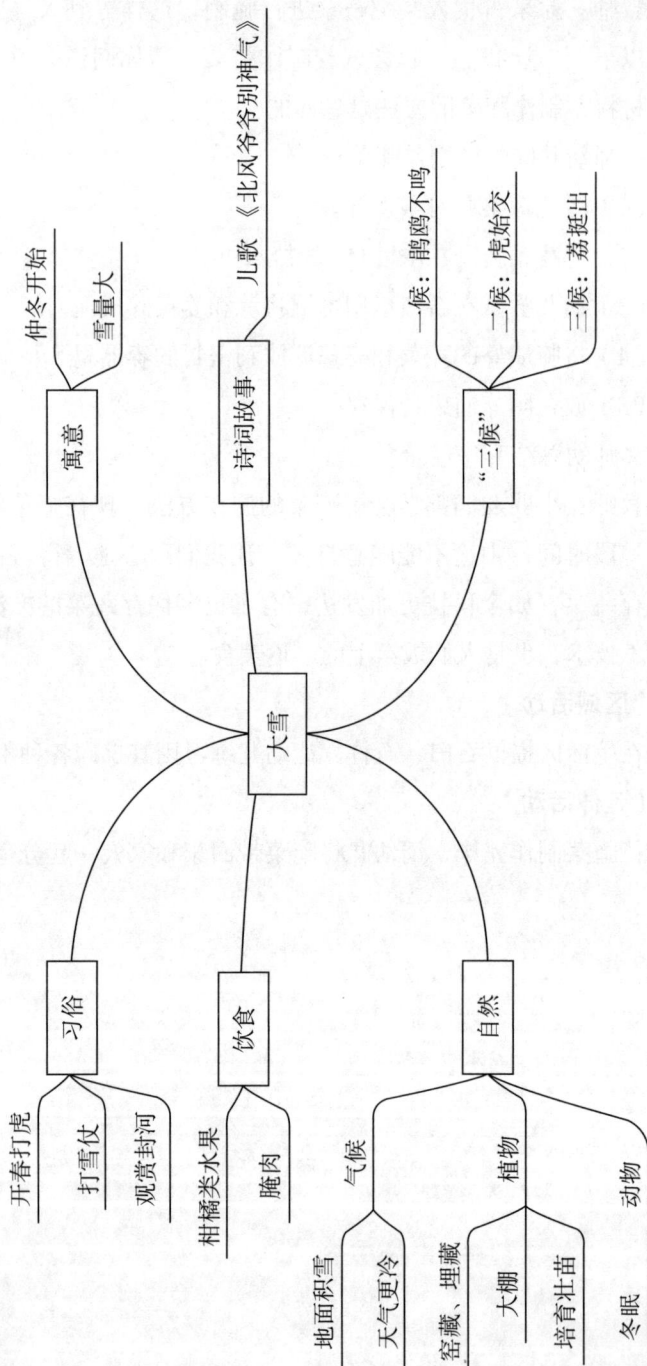

大雪

寓意
  仲冬开始
  雪量大

诗词故事
  儿歌《北风各各别神气》

"三候"
  一候：鹖鴠不鸣
  二候：虎始交
  三候：荔挺出

习俗
  开春打虎
  打雪仗
  观赏封河

饮食
  柑橘类水果
  腌肉

自然
  气候
    地面积雪
    天气更冷
  植物
    窑藏、埋藏
    大棚
    培育壮苗
  动物
    冬眠

小班活动 | 认识大雪

【目标】

1. 了解大雪节气的传统习俗。

2. 感受造雪的乐趣。

3. 能使用造雪粉进行造雪。

【重点】

了解大雪节气的传统习俗。

【难点】

能使用造雪粉进行造雪。

【准备】

1. 造雪实验套装4套。

2. 大雪节气PPT。

3.《为什么说瑞雪兆丰年》视频。

【过程】

1. 教师播放视频，导入活动，引起幼儿的兴趣。

（1）你们知道雪是什么样子的吗？

（2）为什么说冬天下大雪，第二年农民伯伯的庄稼就长得好？

2. 教师出示大雪节气PPT，引导幼儿了解大雪节气的特点及谚语。

教师：你们知道大雪节气的特点吗？它有哪些习俗？

3. 幼儿欣赏大雪的谚语：今冬麦子雪里睡，明年枕着馒头睡。今冬麦盖一尺被，明年馒头如山堆。雪在田，麦在仓。雪多下，麦不差。冬无雪，麦不结。积雪如积粮。

教师：这个谚语的意思是什么？

师幼共同小结：冬天下大雪，会把害虫全部冻死，等到第二年的时候，农民伯伯的庄稼就长得好。

4.教师组织幼儿进行科学实验——造雪。

（1）教师将造雪粉倒入烧杯，在烧杯中分别倒入250克水，用搅拌棒轻轻搅拌静置，等待造雪粉膨胀变成雪。

（2）幼儿分组进行试验，并观察造雪粉变化的过程。

（3）引导幼儿说说自己看到的造雪粉变化的过程。

5.引导幼儿用简单的语句表达体验造雪后的感受，鼓励幼儿用黏土、彩色碎纸片对自己造出来的雪进行自由创作，感受动手操作的乐趣。

教师：造好的雪像什么？你们想对造好的雪添加什么？还想把造好的雪做成什么东西？

6.师幼一起欣赏幼儿的作品，结束活动。

【延伸活动】

如果条件允许，请家长在冬季假期带领幼儿去北方观看雪景。

中班活动　美味的萝卜丸子

【目标】

1.知道大雪节气吃萝卜丸子的饮食文化。

2.体验与同伴一起制作美食的乐趣。

3.能使用工具完成食材准备。

【重点】

准备大雪节气美食——萝卜丸子的食材。

【难点】

会使用制作萝卜丸子的工具。

【准备】

1.经验准备：有处理食材的经验。

2.物质准备：

（1）绞肉机、儿童削皮刀、切丝器、案板、蒸笼布、不锈钢盆。

（2）白萝卜、鸡蛋、胡椒粉、食盐、食用油、萝卜丸子图片、萝卜丸子制作图。

（3）电磁炉、平底锅。

【过程】

1.教师出示萝卜丸子图片，激发幼儿制作美食的欲望。

（1）教师出示萝卜丸子图片，并说：哇！这是什么美食？看起来好美味。

（2）教师：这是美味的萝卜丸子，南京人在大雪节气最喜欢吃这道美食，我们也来做一做这道美食吧。

2.幼儿观看萝卜丸子制作图，引出食材准备的工具。

（1）教师出示制作图片，教师提问：制作萝卜丸子需要什么食材？需要怎样处理这些食材？

（2）师幼共同小结：制作萝卜丸子需要萝卜、猪肉、鸡蛋、淀粉，将猪肉剁成肉末，萝卜切成丝，最后把所有的食材搅拌在一起。

（3）教师演示并介绍工具：我这里有几样厉害的工具能帮忙处理这些食材。这是绞肉机，把肉放进去，按下开关，就能把大块的肉绞成肉末；这是削皮刀，贴住萝卜向下刮，就能把萝卜皮削掉；这是切丝器，把萝卜放在孔上面上下移动，就能把萝卜变成丝；这是蒸笼布，它能够挤掉萝卜多余的水分。

3.幼儿分五组准备制作萝卜丸子的食材（1组洗萝卜、削皮；2组擦丝；3组用蒸笼布挤干萝卜水分；4组绞肉；5组搅拌馅料）。

（1）教师：这里有五项工作，请你选择一项自己喜欢的工作。

（2）幼儿操作工具准备食材，教师巡回指导。

4.师幼合作炸萝卜丸子。

（1）教师：小朋友们一起做出了馅料，现在要炸萝卜丸子啦，请你们用手抓一点馅料揉搓成圆球。

（2）幼儿将馅料搓成一个圆球，教师帮助放入油锅中炸制。

【区域活动】

在生活区投放儿童削皮刀、切丝器，供幼儿练习削皮、擦丝的技能。

【延伸活动】

幼儿品尝自己制作的萝卜丸子。

附：萝卜丸子制作流程

1. 萝卜清洗干净去皮，用擦丝器把萝卜擦成丝后，用少许盐腌制5分钟。

2. 把腌好的萝卜丝包入蒸笼布挤干水分，放入胡椒粉、食盐、鸡蛋液。

3. 用筷子搅拌均匀萝卜丝，然后加入淀粉，再次搅拌均匀。

4. 把肉馅揉搓成丸子备用。

5. 锅内倒入食用油，油六成热时放入丸子，用筷子轻轻拨动丸子，中小火慢炸。

6. 丸子浮起来呈金黄色，捞出晾凉食用。

大班活动 保护大树

【目标】

1. 知道植物可以美化环境，并了解大树可以为人们遮阳和提供氧气。

2. 寻找冬天保护大树的方法。

3. 体验保护大树带来的乐趣。

【重点】

知道植物可以美化环境，并了解大树可以为人们遮阳和提供氧气。

【难点】

寻找冬天保护大树的方法。

【准备】

1. 美丽大自然的图片：森林、山川、河流、沙漠等。

2. 图画纸、蜡笔。

【过程】

1. 教师出示美丽大自然的图片，引导幼儿说说植物的作用。

（1）教师：你们在图片中看到了什么？有什么感觉？如果没有这些植物，你们会有什么感觉？

（2）教师：请你们说说植物对我们的生活有什么好处？有什么帮助？植物能做些什么？

2. 教师与幼儿一起到户外感受大树的遮阳和美化环境的作用。

（1）教师带领小朋友们走到大树下，对比站在太阳下的感受有什么不同。

教师：站在大树底下和站在太阳底下，你们感觉有什么不同？

（2）教师和幼儿一起坐在大树下。

教师：大树除了可以遮挡太阳，还有什么作用？

（3）教师和幼儿一起站在沙地上，对比坐在树下的感觉。

师幼共同小结：大树除了可以遮挡太阳，还能净化空气，提供氧气，让我们都很舒适。

3. 教师引导幼儿保护大树、植物。

（1）教师：大雪节气到了，天气越来越冷了，我们穿上了厚厚的衣服，大树的叶子都落了，它们在冬天怎么保暖？我们能怎么帮助它们？

（2）教师：很多人会砍伐山上的树木，乱摘花草，用刀子割树皮，破坏了自然环境，我们不能有这样的行为，而且见到有这种行为要制止。

4. 教师引导幼儿寻找冬天保护大树的方法。

自由探索：引导幼儿摸一摸树皮，抱一抱大树，并说说保护树木的方法。

5. 教师带领幼儿回教室绘画各种各样的大树。

【区域活动】

在阅读区可以提供植物大百科的图书，让幼儿认识更多不同种类的植物。

【延伸活动】

幼儿与家长通过书籍、网络等多种途径收集有关不同节气保护大树的方法及材料。

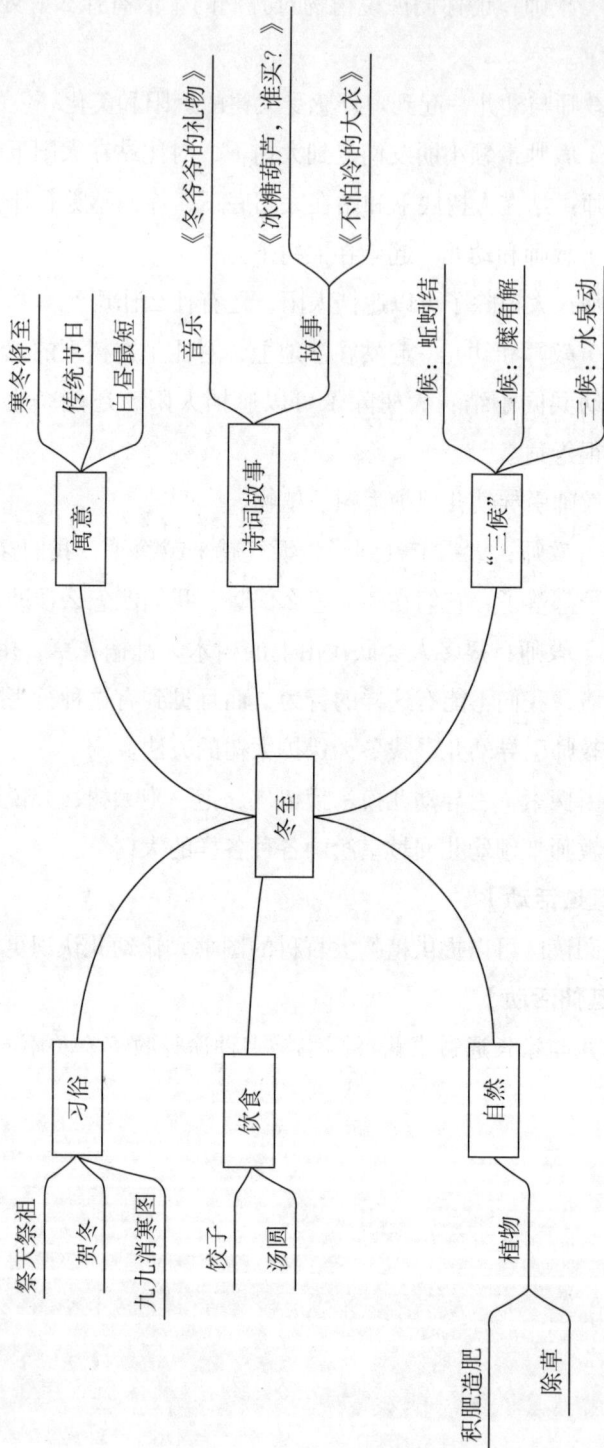

冬至

寓意
- 寒冬将至
- 传统节日
- 白昼最短

诗词故事
- 音乐
  - 《冬爷爷的礼物》
- 故事
  - 《冰糖葫芦，谁买？》
  - 《不怕冷的大衣》

"三候"
- 一候：蚯蚓结
- 二候：麋角解
- 三候：水泉动

习俗
- 祭天祭祖
- 贺冬
- 九九消寒图

饮食
- 饺子
- 汤圆

自然
- 植物
  - 积肥造肥
  - 除草

小班活动 冬至到

【目标】

1. 了解冬至的由来及习俗。

2. 感受冬至家家团圆的欢乐之情。

3. 能大胆表达自己的想法。

【重点】

了解冬至的由来及习俗。

【难点】

能大胆表达自己的想法。

【准备】

1. 有关冬至的图片。

2. 邀请大班幼儿到班上朗诵儿歌。

3. 厨房准备汤圆。

【过程】

1. 教师出示有关冬至的图片，引导幼儿观察并说出图片内容，初步了解冬至的由来及习俗。

（1）关于食物：图片上有些什么？你们吃过哪些食物？（饺子、汤圆、馄饨等）

（2）关于团圆（冬至大如年）：图片上有谁？他们在干什么？

（3）关于添岁：吃了冬至夜饭长一岁的说法，俗称"添岁"。

（4）关于白天与黑夜：冬至这天，白昼最短，黑夜最长。

（5）教师小结：冬至是我国非常重要的节气，在民间有"冬至大如年"的说法，于是冬至又被称为"亚岁"或"小年"；冬至这天，白昼最短，黑夜最长；冬至吃汤圆是我国的传统习俗，有团团圆圆的意思。

2.教师邀请大班幼儿表演儿歌《冬至到》，帮助幼儿巩固对冬至的认识。

（1）大班幼儿朗诵儿歌《冬至到》，小班幼儿欣赏。

（2）教师提问：哥哥姐姐朗诵的儿歌名字叫什么？儿歌里说了什么？

（3）大班幼儿带领小班幼儿跟着儿歌一起互动。

3.大班幼儿与小班幼儿一起吃汤圆，感受冬至团圆、热闹的氛围。

教师：小朋友们和哥哥姐姐一起吃汤圆有什么感受？

4.师幼谈话，结束活动。

师幼共同小结：冬至是我国重要的节气，也是传统的节日。冬至到，在幼儿园，我们是一家人，我们跟哥哥姐姐一起吃汤圆特别高兴。你们回家也可以跟家人一起吃汤圆、吃饺子、吃馄饨，感受家人团团圆圆的欢乐之情。

【区域活动】

1.在语言区投放冬至图画书，供幼儿欣赏阅读。

2.在美工区投放橡皮泥，供幼儿制作汤圆、饺子等。

中班活动　冬至节

【目标】

1.知道冬至节气的传统习俗。

2.增强动手能力，喜爱传统节日。

3.能用语言描述画面内容。

【重点】

知道冬至节气的传统习俗。

【难点】

能用语言描述画面内容。

【准备】

1.经验准备：知道冬至是我国的传统节日。

2.物质准备：

（1）《冬至节》绘本PPT。

（2）包饺子的食材、勺子、碗、托盘若干。

【过程】

1.教师提问导入活动，借助准备的食材引出《冬至节》的绘本故事。

教师：小朋友们，你们认识这些材料吗？那你们知道我们要用这些食材来做什么吗？

教师：你们知道为什么今天要包饺子、吃饺子吗？今天老师带来了绘本故事《冬至节》，在这个故事里会告诉我们答案，你们要注意找答案哟。

2.师幼集体欣赏讨论故事画面，激发幼儿对冬至节气习俗的兴趣。

（1）教师一边播放PPT，一边提问幼儿，引导幼儿用完整的语言表达自己对画面的理解。

①封面上的小朋友在做什么？

②爷爷要带小晏阳去哪里？

③为什么冬至要吃馄饨？

④冬至要吃饺子的习俗是怎么来的？

（2）师幼共同小结冬至节气的习俗，进一步让幼儿理解冬至的意义。

①我国北方地区有冬至宰羊、吃饺子、吃馄饨的习俗。

②我国南方地区在这一天则有吃姜饭、冬至米团及长线面的习惯。

③各个地区在冬至这一天还有祭天祭祖的习俗。

3.教师将包饺子的食材、工具分组摆放好，师幼共同体验冬至包饺子、吃饺子的乐趣。

【区域活动】

1.在美工区放置各种材料制作的饺子图片。

2.教师将绘本《冬至节》投放在阅读区，供幼儿阅读。

【延伸活动】

1.师幼品尝美味的冬至饺子。

2.幼儿回家把故事讲给爸爸妈妈听，跟爸爸妈妈一起动手包馄饨吃。

附：

中国记忆·冬至节

"冬至馄饨夏至面。"今天是冬至节，刚到傍晚，爷爷就拉着小晏阳去吃"馄饨侯"家的馄饨。爷爷说，那才是他记忆中的味儿。

"晴冬至烂年边，雨冬至晴过节。"看着纷纷扬扬的雪花，爷爷一路唠叨着农谚，"冬至月初，石板冰酥；冬至月中，赤裸过冬；冬至月底，卖牛买被。"

爷爷捋捋胡子，越说越起劲："冬至是我国农历二十四节气之一，这是一个非常重要的节气，有'冬至大如年'的说法，也叫'亚岁'，是一年中阳春的开始。"

"为什么冬至要吃馄饨呢？"晏阳问。

"远古时期，人们认为天地未分、阴阳未判是混沌。到了冬至这天，阳气开始萌生，阴气渐渐消除，吃馄饨有纪念这一天破混沌、开天辟地的意思。"

"从这一天起，北半球的白天一天比一天长，夜晚一天比一天短，阳气开始回升，一轮节气开始循环。所以，这是一个要庆贺的节日。"

"爷爷，冬至不是要吃饺子吗？"晏阳忍不住问。"呵呵，是的，'冬至不端饺子碗，冻掉耳朵没人管。'冬至一定要吃饺子呢！"

传说，当年东汉医圣张仲景辞官回乡，在大雪纷飞的路上，看到老百姓受冷挨饿，不少人的耳朵都冻烂了，于是他便让弟子搭起医棚，在冬至这天分发"娇耳"。

1. 张仲景把羊肉和驱寒的药材放在大锅里熬煮，然后把羊肉、药材捞出来切碎。

2. 用面把羊肉、药材包进耳朵状的"娇耳"里。

3. 煮熟后，分给来求药的人每人两只"娇耳"、一大碗肉汤。

冬至吃饺子，既是不忘医圣张仲景熬制"驱寒娇耳汤"之恩，也是为了驱寒。

人们吃了"娇耳"，喝了"驱寒汤"，浑身暖和，两耳发热，耳朵上的冻伤就慢慢好了。

说着故事，爷孙俩不知不觉就到了吉祥胡同。爷爷说："'馄饨侯'是百年老店了，他家祖上最早只是个小小的馄饨摊儿！"

点好了饭菜，在等待的时间，喝一杯热乎乎的暖胃茶吧！

"馄饨侯"的馄饨都是大骨熬汤，别提多美味了！馄饨皮儿爽滑筋道，馅里加了扇贝，非常鲜，酸酸辣辣的汤也很过瘾。

爷孙俩吃了元宝状的馄饨，又吃了加入药材的冬至饺子，浑身暖洋洋的，一点儿也不冷了。

大班活动 九九消寒图

【目标】

1.知道九九消寒图是古代人从冬至开始记录日期的一种方法。

2.感受冬至开始记录日期，等待春天到来的乐趣。

3.能使用数九的办法进行日期记录。

【重点】

知道九九消寒图是古代人从冬至开始记录日期的一种方法。

【难点】

能使用数九的办法进行日期记录。

【准备】

有关冬至的图片、九九消寒图。

【过程】

1.教师请幼儿通过多种方式点数身边物品，巩固幼儿点数的能力，引出数九图。

教师：今天我们班级来了多少个小朋友？大家用两个两个数的方法、五个五个数的方法，一起来数一数。

2.教师出示不同形式的九九消寒图，引导幼儿了解冬至人们有数九的习俗。

教师：这两幅图分别画了什么？这两幅图有什么共同特点？请你们数一数里面的梅花和铜钱。

教师：在冬至，中国民间有贴绘九九消寒图的习俗，这是一种很有传统特色的、好看的日历。它一共有九九八十一个单位，所以叫作九九消寒图。从冬至那天算起，每天涂一个花瓣或者填一格，以九天为一个单元，连数九个九天，到九九共八十一天，冬天就过去了。

3. 幼儿学习数九歌谣，了解从冬至开始，每一九都会有不同的气候、动植物的变化。

（1）教师朗读数九歌谣，请幼儿说说歌谣里描述了什么内容。

（2）引导幼儿用动作创编每一九的内容，加深幼儿对歌谣的了解。

（3）幼儿表演数九歌谣。

4. 幼儿自由分组制作九九消寒图，并将其粘贴在主题墙上。

【区域活动】

1. 在主题墙上粘贴九九消寒图，教师与幼儿从冬至起每天数九、涂九。

2. 在语言区投放冬至图画书，供幼儿欣赏阅读。

【延伸活动】

亲子制作九九消寒图，在家里一起数九、画九。

附：

数九歌

一九二九不出手，三九四九冰上走，五九六九沿河看柳，七九河开，八九燕来，九九加一九，耕牛遍地走。

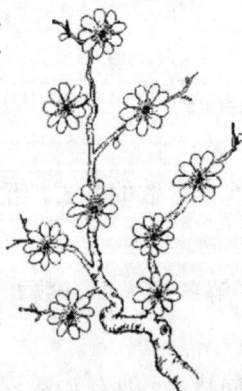
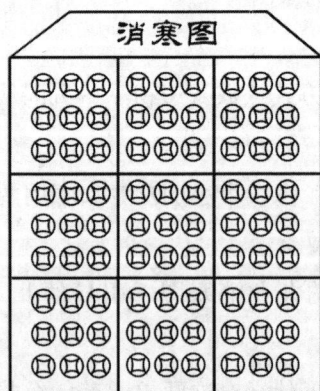

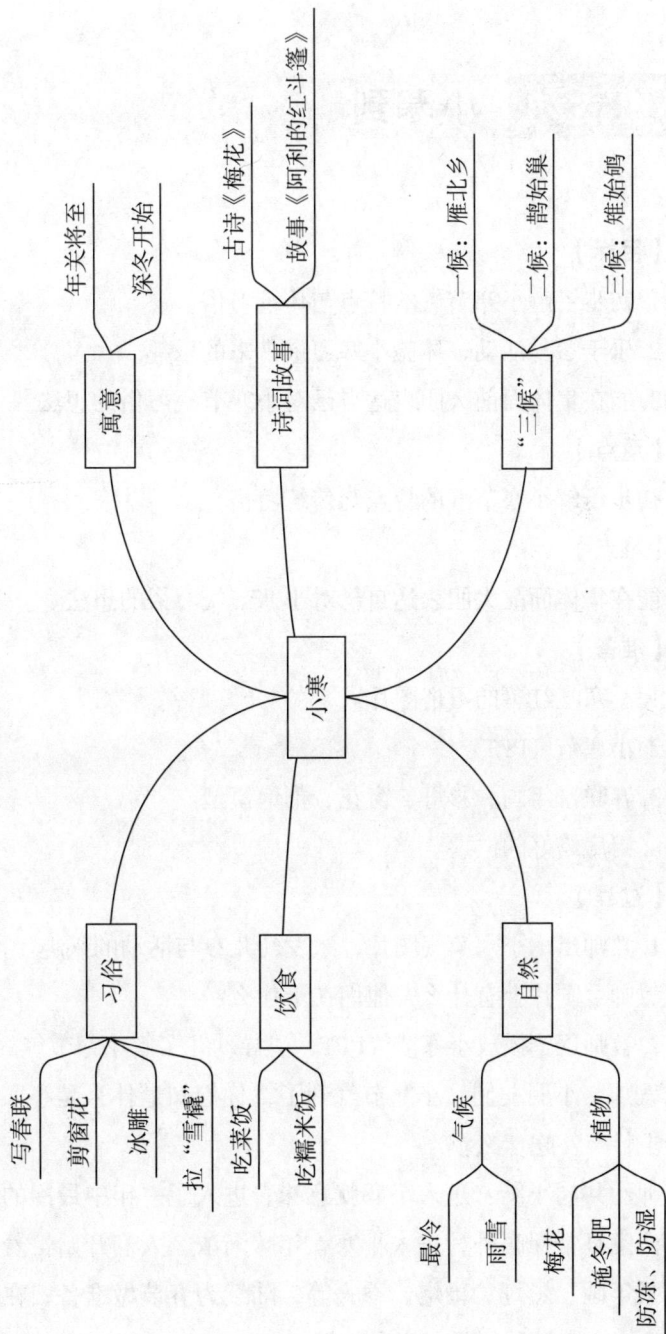

寒小

小寒

寓意
年关将至
深冬开始

诗词故事
古诗《梅花》
故事《阿利的红斗篷》

"三候"
一候：雁北乡
二候：鹊始巢
三候：雉始鸲

习俗
写春联
剪窗花
冰雕
拉"雪橇"

饮食
吃菜饭
吃糯米饭

自然
气候
最冷
雨雪
梅花
植物
施冬肥
防冻、防湿

小班活动 | 小寒到

【目标】

1. 初步了解小寒节气的特点与传统习俗。

2. 乐于参与活动，体验小寒习俗带来的乐趣。

3. 能在集体面前大胆表达自己对小寒节气习俗的想法。

【重点】

初步了解小寒节气的特点与传统习俗。

【难点】

能在集体面前大胆表达自己对小寒节气习俗的想法。

【准备】

1. 小寒吃红薯的习俗图片。

2. 小寒节气PPT。

3. 春联、年画、彩灯、窗花、鞭炮模型。

4. 厨房烤好的白薯。

【过程】

1. 教师出示小寒节气图片，激发幼儿参与活动的兴趣。

教师：图片上有什么？他们在干什么？

2. 教师逐个播放小寒节气PPT，引导幼儿了解小寒节气的特点与习俗。

教师：小朋友们，小寒节气到了，你们知道什么是小寒吗？小寒节气，人们会干什么？吃什么？

师幼共同小结：进入小寒就意味着进入了一年中最冷的时候。在生活上，除了注意日常保暖外，进入小寒，年味渐浓，人们开始忙着写春联、剪窗花，赶集买年画、彩灯、鞭炮、香火等，陆续为春节做准备；在饮食上，人们要涮羊肉火锅、吃糖炒栗子、烤白薯等。

3. 教师通过游戏"找一找"，加强幼儿对小寒节气的认识。

（1）教师说出小寒相应物品的名称，请幼儿在框中找出相应的图片。

（2）请幼儿说出自己喜欢的小寒节气图片。

4. 幼儿品尝小寒美食——烤白薯，体验小寒习俗带来的乐趣。

（1）教师：小寒节气有烤白薯的习俗，今天我们来一起品尝一下厨师叔叔做的烤白薯。

（2）幼儿说说烤白薯的味道。

5. 师幼共同小结，结束活动。

教师：今天，我们品尝了小寒节气习俗中烤白薯的味道，你们回家也可以和家人一起烤白薯，也可以找找小寒节气中的其他习俗。

【区域活动】

1. 在语言区投放小寒节气习俗三步卡。

2. 在语言区投放南北方小寒习俗图片配对。

中班活动　小寒

【目标】

1. 了解小寒节气的民俗风情。

2. 理解儿歌内容，并尝试朗诵儿歌。

3. 通过儿歌，知道小寒节气的特点，知道小寒节气要注意保暖。

【重点】

了解小寒节气的民俗风情。

【难点】

理解儿歌内容，尝试朗诵儿歌。

【准备】

1. 小寒节气PPT。

2. 棉靴、棉袄、小红帽、棉手套、冰车图片。

【过程】

1. 师幼谈话导入，引导幼儿回顾对小寒节气的已有经验。

教师：你们还记得小寒节气吗？谁还记得小寒节气有些什么习俗？（幼儿自由谈论，引发幼儿回顾已有经验）

2. 教师出示PPT，通过PPT，让幼儿了解小寒节气的民俗风情。

教师：请小朋友们一起来看看小寒节气都有哪些习俗。

（1）了解食俗。（糯米饭、腊八粥、涮羊肉）

（2）了解民间习俗。（探梅、冰戏、腊祭）

（3）了解养生。（保暖、睡眠、运动、饮食）

3. 师幼谈话，激发幼儿学习儿歌的兴趣。

（1）教师：小寒天气寒冷，如果外出的话，有什么方法可以让自己保暖？（幼儿自由回答）

（2）教师朗读儿歌，引导幼儿说出儿歌里的保暖物品。

（3）教师出示儿歌里的物品图片，鼓励幼儿按照儿歌内容有序地摆放图片，帮助幼儿理解儿歌内容。

4. 教师通过各种形式朗诵儿歌，鼓励幼儿尝试朗诵儿歌。

（1）教师利用图片，师幼共同朗诵儿歌。

（2）幼儿分组朗诵儿歌。

（3）教师鼓励幼儿边创编动作表演，边朗诵儿歌。

5. 师幼共同小结，结束活动。

教师：今天，我们了解了小寒有哪些习俗，也知道了寒冷的天气里，我们外出可以用厚棉袄、棉手套进行保暖。还学习了一首叫《小寒》的儿歌，回家后请你们把这首儿歌朗诵给爸爸妈妈听一听。

【延伸活动】

亲子尝试煲腊八粥、制作糯米饭。

附：儿歌

小寒

数九寒天到，大家准备好。

蹬上大棉靴，穿上厚棉袄。

戴上小红帽，拿上棉手套。

坐上小冰车，冰上跑一跑。

大班活动 拉雪橇

【目标】

1.知道废旧材料可以重复利用。

2.在游戏中体验合作的快乐。

3.尝试用滑、拉的方法合作游戏。

【重点】

用滑、拉的方法合作游戏。

【难点】

利用废旧材料制作雪橇。

【准备】

1.手工材料收集：纸箱、木板、盆、旧椅子、绳子、钻孔器等。

2.音乐《铃儿响叮当》、拉雪橇视频。

【过程】

1.幼儿观看拉雪橇视频，引入本次活动主题。

（1）教师：到了小寒节气，北方已经大雪纷飞，人们很喜欢的一项锻炼身体的运动就是拉雪橇，我们一起来看看到底是怎样拉雪橇的。

（2）幼儿观看拉雪橇的视频，了解拉雪橇的环境和雪橇的样式。

2.师幼共同探讨如何制作雪橇。

（1）教师提问：如果没有下雪，我们怎样才能玩拉雪橇这项运动？可以在哪里玩？怎么玩？

（引导幼儿利用坡度进行下滑，如草坡、山坡等；通过滑、拉、推方法玩）

（2）教师：原来还有这么多种办法可以拉雪橇，我们制作一个雪橇需要什么材料？

（3）出示材料，探讨如何选择雪橇底部坐的部分，并尝试自己的想法。

师幼共同小结：选择够大够结实的材料，如厚纸皮、木板、椅子、塑料大盆等。

（4）探讨如何将雪橇拉动，并尝试自己的想法。

师幼共同小结：用粗且有力的绳子系在雪橇底部，如果遇到结实的材料，可以请成人协助钻孔。

3.幼儿尝试动手制作雪橇，教师巡回指导并适时给予帮助。

4.教师播放《铃儿响叮当》音乐，尝试拉雪橇。

5.师幼共同总结，活动结束。

（1）草坡、山坡可以坐上雪橇划着玩，同时需要同伴在坡顶推一推。两人可以交换滑和推。

（2）在没有坡度的情况下，需要用绳子在同伴的协助下拉着玩。如果拉不动，可以找同伴边拉边推。

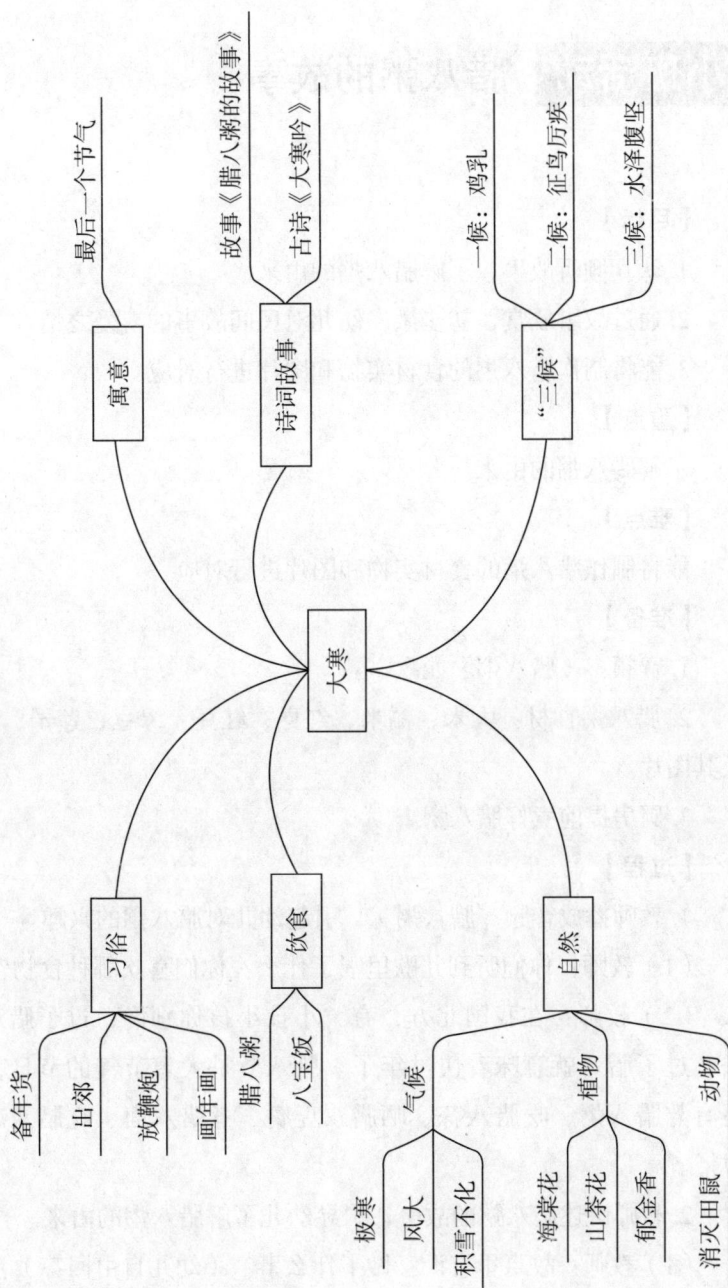

大寒

寓意 —— 最后一个节气

诗词故事 —— 故事《腊八粥的故事》
—— 古诗《大寒吟》

"三候" —— 一候：鸡乳
—— 二候：征鸟厉疾
—— 三候：水泽腹坚

大寒

习俗 —— 备年货
—— 出郊
—— 放鞭炮
—— 画年画

饮食 —— 腊八粥
—— 八宝饭

自然 —— 气候 —— 极寒
—— 风大
—— 积雪不化
—— 植物 —— 海棠花
—— 山茶花
—— 郁金香
—— 动物 —— 消灭田鼠

181

小班活动 腊八粥的故事

【目标】

1.认真倾听故事，了解腊八粥的由来。

2.通过故事欣赏，初步激发幼儿对民间故事的喜爱之情。

3.能将制作腊八粥的食材实物和图片进行对应。

【重点】

了解腊八粥的由来。

【难点】

能将制作腊八粥的食材实物和图片进行对应。

【准备】

1.音频：《腊八粥》儿歌。

2.腊八粥食材：大米、糯米、红枣、红豆、绿豆、莲子、花生米、红糖等及其图片。

3.厨房提前煮好腊八粥。

【过程】

1.教师播放音频《腊八粥》，引起幼儿对腊八粥的兴趣。

（1）教师：你们听到儿歌里唱了什么？你们喜欢哪种食物？

（2）教师：在我国北方，有"小孩小孩你别馋，过了腊八就是年"的说法，过了腊八就意味着快过年了。腊八节是大寒节气的节日，这一天，民间还有熬腊八粥、吃腊八蒜、晒腊八豆腐、煮腊八面、吃腊八冰等各种各样的习俗。

2.教师讲述腊八粥的故事，引导幼儿了解腊八粥的由来。

（1）教师：故事里有谁？做了什么事？（幼儿自由回答）

（2）师幼共同小结：腊八粥的故事是我国的民间故事，非常有意思。小朋友们回家和爸爸妈妈一起了解这个故事。

3.教师分别出示腊八粥食材，引导幼儿了解食材的名称。

教师：刚刚腊八粥故事里有好几种食物，我们来认识一下。这是什么？长什么样子？

4.幼儿进行食材与图片配对操作，巩固对腊八粥食材的认识。

5.幼儿品尝腊八粥，感受大寒节气的习俗。

（1）教师：腊八粥味道怎么样？你们想跟谁一起制作并品尝腊八粥？

（2）师幼共同小结：小朋友们都喜欢吃腊八粥，你们回家可以和爸爸妈妈一起制作腊八粥，一起品尝腊八粥。

【区域活动】

1.在生活区投放豆子，供幼儿分类、夹豆、勺豆。

2.在感官区投放豆子，供幼儿触摸。

3.在美工区投放豆子，供幼儿贴画。

【延伸活动】

亲子在家共同制作腊八粥。

附：腊八粥的故事

朱元璋挖"老鼠洞"

在民间，腊八节是农历腊月（十二月）初八，传说起源于元末明初，关于腊八粥这一风俗的来历，有相传是明太祖朱元璋留下来的。据说，朱元璋小时候家中很穷，父母把他送到财主家去放牛。财主对他十分不好，他常常挨打，吃不饱饭。有一天，他牧牛归来，要过一座独木板桥，没想到老牛一滑，跌下桥去，将腿跌断。老财主气急败坏，便把朱元璋关进一间屋子里，并且不给饭吃，他饿得在屋中直转，想找点吃的。突然，发现屋中有一鼠洞，于是他便将其扒开，没想到这是老鼠的一个粮仓，里面有米，有豆，有芋芳，还有红枣，但都是那么一点点。于是他便把这些东西合并在一起，煮了一锅粥，因已饿极，吃起来觉得十分甘甜可口。

后来，朱元璋平定天下，做了皇帝，珍馐美味吃腻了。有一天，他忽然想起小时候吃老鼠洞中挖出的粮豆煮的粥，便叫御厨给他做了一餐各种粮豆混在一起熬的甜粥，吃的这一天正好是腊月初八。后来为了纪念被关押的那个特殊的日子，朱元璋便把这一天定为腊八节，把自己那天吃的杂粮粥正式命名为腊八粥。文武官员见皇帝吃腊八粥，便纷纷效仿，渐渐传到民间，便成了风俗。
如今，喝腊八粥的习俗已逐渐失去了其本意，变成了有趣的饮食习俗，因地域
不同，粥的熬制方法也异常丰富多彩，呈现出浓郁的地域特色。

中班活动 天气的变化

【目标】

1. 知道温度计是测量温度的工具，了解温度计的结构。

2. 借助比较的方式验证天气的变化，激发对测量的兴趣。

3. 能使用温度计来测量温度并记录。

【重点】

知道温度计是测量温度的工具，了解温度计的结构。

【难点】

能使用温度计来测量温度并记录。

【准备】

1. 经验准备：知道气温会根据天气而不断变化。

2. 物质准备：温度计、记录表、笔、标有℃的卡片、水杯、凉水和开水。

【过程】

1. 教师谈话导入，引出气温的变化。

教师：小朋友们，现在是大寒节气，你们发现最近的天气有什么变化吗？

教师：有谁知道今天的温度是多少？我们有什么办法可以知道今天的
气温？

2. 教师引导幼儿认识温度计。

（1）教师出示温度计，引导幼儿仔细观察温度计。

教师：你们发现温度计上有什么？

（2）师幼共同小结温度计的特征。

教师：温度计里的红柱子和数字有什么作用呢？

（3）师幼共同小结：玻璃管子上的数字是刻度，红柱子叫作液柱，液柱指示的数字就是温度，我们可以用温度单位"℃"来记录，读作摄氏度（教师出示标有℃的卡片）。

3.幼儿感受温度计的变化。

（1）教师拿出准备好的水杯，先在水杯中倒冷水，让幼儿注意观察温度计的变化；再在水杯中倒入开水，请幼儿仔细观察温度计。

（2）教师：刚才我们分别测量了冷水和热水的温度，你们发现了什么？

（3）师幼讨论：液柱是怎么变化的呢？从冷水到热水怎么变？从热水到冷水又会怎么变？

（4）师幼共同小结：温度高，液柱就往上升；温度低，液柱就往下降。

4.幼儿自主测量温度。

（1）教师：你们想不想知道我们今天的气温是多少度呢？

（2）教师将温度计挂到教室的墙壁上，10分钟后再看温度计，并用笔记录温度。

【延伸活动】

1.教师在班级主题墙上准备一张20天的温度记录表，每天安排两位幼儿观看早餐后的温度计，并进行记录。

2.等到最后一天，将记录表进行比较，验证每天气温的变化。

大班活动　孵小鸡

【目标】

1.了解孵化小鸡需要具备的条件。

2.感受小鸡从鸡蛋里面孵出来的乐趣。

3.使用孵化器孵化小鸡，观察鸡蛋孵化的变化过程。

【重点】

了解孵化小鸡需要具备的条件。

【难点】

使用孵化器孵化小鸡，观察鸡蛋孵化的变化过程。

【准备】

母鸡孵化鸡蛋的视频、受精的鸡蛋和没受精的鸡蛋、孵化器、照蛋灯。

【过程】

1. 教师介绍大寒"三候"，通过提问，引起小朋友对孵化小鸡的兴趣。

（1）教师：冬季的最后一个节气是大寒，到了这个节气，北方到处都是漫天白雪。中国古代将大寒分为"三候"："一候鸡乳；二候征鸟厉疾；三候水泽腹坚。"也就是说，到大寒节气，便可以孵小鸡了。而鹰隼之类的征鸟盘旋于空中到处寻找食物，以补充身体的能量抵御严寒；水域中的冰一直冻到水中央，且最结实、最厚，小朋友们可以尽情在河上溜冰。

（2）教师：大寒节气可以孵小鸡了，你觉得小鸡是怎么孵化出来的呢？

2. 幼儿观看母鸡孵化鸡蛋的视频，讨论孵化小鸡需要具备的条件。

教师：请大家看看母鸡孵化鸡蛋的视频，并说一说母鸡孵化小鸡需要具备什么条件呢？

3. 教师出示孵化器与受精的鸡蛋和没受精的鸡蛋。

（1）教师：母鸡孵化小鸡需要保持一定的温度和时间，老师这里有一个东西叫作孵化器，它能像母鸡一样保持持续的温度，帮忙孵化鸡蛋。

（2）幼儿观察孵化器的特点，感知孵化器的恒温。

（3）教师：请小朋友们用照蛋灯观察一下受精的鸡蛋和没受精的鸡蛋，并说说它们之间有什么不同。

（在照蛋灯的照射下，蛋中有不透光的黑色斑点，表明该鸡蛋是受精的鸡卵，不透光的黑色斑点为胚胎发育的部位）

4. 幼儿使用孵化器孵化鸡蛋。

教师指导幼儿使用孵化器孵化鸡蛋，并提醒幼儿注意用电安全，引导幼儿以后可以每天用手电筒观察鸡蛋的变化，并进行绘画记录，感知鸡蛋的孵化过程。

【区域活动】

在科学区投放小鸡在鸡蛋内的生长变化步骤图。

【延伸活动】

幼儿每天用手电筒观察鸡蛋的变化，并进行绘画记录，感知鸡蛋的孵化过程。